文章は型が9割

当てはめるだけで
スラスラ書ける
テンプレート44

文章術作家
高橋フミアキ

フォレスト出版

まえがき

型を覚えるだけで
文章の達人になれる3つの理由

　あなたも文章の達人になれます。あなたの書いたFacebookやTwitterの文章が多くの人に「ひと味違うね」と言われるのです。あなたの書いたブログの文章が多くの読者を引きつけます。あなたの書いたセールスレターで思わず申し込みボタンを押してしまうのです。

　今まで文章で何度か挫折したかもしれません。よい文章を書くことは自分には無理なんだとあきらめたかもしれません。集客セミナーに行っても、結局ブログやFacebookを毎日書きなさいと文章の勉強をすすめられただけだと思います。

　そのたびに、あなたは文章に対して苦手意識を持ったかもしれません。でも、大丈夫です。あなたは必ず文章の達人になれます。なぜならば、本書を手にしたからです。

　文章の達人になるためには文才なんて必要ありません。語彙力もいりません。なぜなら、文章の型さえ覚えればいいからです。文章に型があったことさえ知らなかったかもしれませんが、本書を読めばすぐに理解できるでしょう。

　その理由は主に3つあります。

理由1　文章で読者をハッとさせられる

　短い文章でも読みづらいと読者は離れていきます。FacebookもTwitterも短いですが文章が重要です。画像は目に止まりますが、気のきいた文章がなければユーザーはすぐに違う誰かのとこ

ろへ行ってしまいます。

　文章が必要なのです。文章がFacebookやTwitterからセールスページにユーザーを誘導するのです。それはキャッチコピーや見出しなどの短い文章かもしれません。その文章がなかったらユーザーを誘導することはできないのです。

　短い文章も馬鹿にしてはいけません。たった1本の見出しやキャッチコピーが巨万の富を生み出すのです。それには読みやすくて読者がハッとするような文章を書く必要があります。

　でも、型さえ覚えれば楽勝です。

理由2　財産としての文章が書けるから

　広告は一瞬で消えます。テレビCMは15秒。長くても60秒。チラシも消費者の手に渡った瞬間ゴミ箱入りです。ネット広告も契約期間が終われば消えます。

　しかし、コンテンツは永遠に財産として残るのです。小冊子やフリーマガジンは保存率が高く説得力があります。ブログやWebマガジンの記事は永遠に残り、アクセス数を稼ぎ続けてくれます。まさに財産です。

　しかし、心をつかむ文章でなければいけません。最後まで一気に読んでもらえるような文章を書くことです。そのためにはどうすればいいのでしょうか？

　これにも型があります。型さえ覚えれば、最後まで一気に読んでもらえるような文章が書けます。

理由3　感動させる文章が書けるから

　自分の文章で知らない誰かが感動してくれる、そんなイメージ

はできますか？　読者があなたの文章を読んで感動の涙を流すのです。あなたの文章を深く心に刻み、忘れられなくなるのです。

　たとえば、HPにあなたのプロフィールを感動的に書いたらどうなりますか？　社長の挨拶を感動的に書いたらどうなるでしょう？　商品開発の誕生秘話が感動的に書いてあったらどうでしょうか？

　読者はきっとあなたのファンになるはずです。

　あなたが書いたセールスレターが読む人を感動させ、楽しませるのです。感動の文章が消費者の心を動かします。

　セールスレターがあなたの代わりに営業してくれるのです。有能で文句を言わない営業マンを雇ったようなものです。

　感動的な文章にも実は型があります。その型を覚えさえすれば、読者の心を動かせるようになります。

「そう言われても、やはり文才も語彙力もない自分には無理だ……」と思われる人もいるかもしれません。

　たしかに、表現力や語彙力は必要です。最近では語彙力を重要視する本が売れているようですが、正直言って、表現力や語彙力は一朝一夕に身につくものではありません。気が遠くなるほどの長い時間と労力を費やしてやっと身につくものです。

　騙されてはいけません。

　たとえ難しい言葉をいくら知っていようが、小説家のような比喩表現ができようが、型がめちゃくちゃでは文章のクオリティは低いと言わざるをえません。まさに宝の持ち腐れです。

　一方、たとえ表現力や語彙力が中学生レベルだとしても、型さえ守っていれば、「わかりやすい」「論理的」な文章となります。

　文章の型を身につけておくことこそが、文才といえるのかもしれません。

そして、その型を覚えるのは1日でできます。まずは型を先に覚えてください。表現力や語彙力を磨くのはその後で十分です。

まとめ

いかがですか？

型さえ覚えればあなたは文章の達人になれます。そして、あなたのビジネスや趣味は飛躍的に発展するでしょう。

本書では多くの型を紹介しています。もちろん、これがすべてではありませんが、これだけは覚えておきたい重要な型だけを厳選しました。ぜひ、これらの型を使いこなせるようになってみてください。では、健闘を。

高橋フミアキ

目次

まえがき 型を覚えるだけで文章の達人になれる3つの理由 ……… 3
本書の使い方 …………………………………………………………… 12

第1章 一瞬で心をつかむ1行の型

01 次の文を読みたくなる文の基本型 ………… 14
①主語+述語

02 比喩を使って読者に「おや?」と思わせる型 ………… 16
直喩・暗喩・擬人法

03 見出しやコピーに使える痛みと快楽に訴える文の型 ………… 18
痛み→快楽(痛みの軽減・消滅)+方法

04 ストレートに、明確に伝わる文の型 ………… 20
②主語+述語

05 文学にも使われている心に響く文の型 ………… 22
感情を揺さぶる5パターン

コラム 「内容がないね」と言われないためのコツ ………… 24

第2章 相手をメロメロにする疑問文の型

06 読者の欲望を刺激する疑問文の型 ………… 26
仮定+疑問

07 相手にNOを言わせない二者択一の疑問文の型 ………… 28
仮定+二者択一の疑問

08 知らぬ間に相手を誘導してしまう疑問文の型 ………… 30
仮定+絶対にイエスと言ってしまう疑問

09 非論理的なのに相手をその気にさせる疑問文の型 ………… 32
アイデンティティ+疑問

10 **読者も気づかぬウォンツを引き出す魔法の疑問文の型** 34
仮定・結果＋ウォンツを引き出す疑問

コラム　売り込み文を書く前にやるべきこと！ 36

第3章　説得力がアップする文章の基本の型

11 **自分の意見をストレートに伝える文章の型** 40
自分の意見＋意見を解説＋理由

12 **自分の気持ち・感情に共感してもらうための文章の型** 44
自分の感情＋その場の状況説明＋理由

13 **対立する相手より優位に立つための文章の型** 48
結論＋結論に対する反対意見＋反対意見への議論・考察＋理由

14 **自分の意見の説得力がアップする文章の型** 54
意見＋意見を補足する事例1＋意見を補足する事例2

15 **人物のキャラクターをわかりやすく伝える文章の型** 58
性格＋性格を端的に示す事例1＋性格を端的に示す事例2

コラム　自分の意見や考えを持つ方法 62

第4章　読みはじめたら止まらない文章の型

16 **不思議と続きを読んでしまう文章の型** 64
超短文＋STEP-1の補足説明＋STEP-2の補足説明

17 **知識欲を刺激しながら読ませる文章の型** 68
結論＋STEP-1の語句の説明＋STEP-2の語句の説明＋再度結論

18 **もったいぶることで興味を引き出す文章の型** 72
指示語を使った文＋指示語を解明した文＋事例やエピソード

19 もったいぶりながら、期待を膨らませる文章の型 ·········· 76
指示語を使った予告＋予告した内容＋事例やエピソード

20 人間の脳になじみやすい文章の型 ·········· 80
大分類＋中分類＋小分類

コラム　決まった言い回しの型を覚えておこう！ ·········· 84

第5章　長い文章でもスラスラ書ける型

21 長くても書きやすく、かつ読者を飽きさせない文章の型 ·········· 86
メッセージ＋エピソード1〜4

22 読者がハラハラしながら読み進めてしまう文章の型 ·········· 90
目標＋障害1＋障害2＋葛藤＋結論

23 長く書くことができ、かつ説得力抜群の文章の型 ·········· 94
結論＋理由1〜3＋まとめ

24 読者に答えを考えさせる長文が書ける文章の型 ·········· 100
疑問＋答え1〜3＋まとめ

25 さまざまな角度から比較し、深く理解させる文章の型 ·········· 104
意見＋AとBの比較＋縦軸の比較＋横軸の比較＋まとめ

コラム　段落には重要なルールがある！ ·········· 110

第6章　頭がいい人の論理的な文章の型

26 シンプルに論理的に伝える文章の型 ·········· 112
疑問＋仮説＋考察＋結論

27 演繹法（3段論法）で相手を納得させる文章の型 ·········· 118
[A＝B（大前提）である]＋[B＝C（小前提）である]＋[ゆえにA＝C（結論）である]

28	帰納法で読者を納得させる文章の型 1 テーゼ（命題）+アンチテーゼ（反対命題）+ジンテーゼ（統合した命題）	……… 122
29	帰納法で読者を納得させる文章の型 2 事実1～3+結論	……… 126
30	説得力を10倍にするデータを使った文章の型 ［データ1+意見1］+［データ2+意見2］+まとめ	……… 132

コラム　読者が求める情報とは？　　　　　　　　　　……… 138

第7章　感情を揺さぶる感動ストーリーの型

31	読者が溜飲を下げる成功物語の文章の型 マイナスからのスタート+失敗の連続+出会いと学び+小さな成功+大きな成功	……… 142
32	悲しみで読者の涙を誘う文章の型 苦しい状況+さらに苦しくなる+願望+少し明るくなる+ダメになる	……… 148
33	読者をハラハラさせるサスペンスな文章の型 崖っぷちの状況+さらなる危機1～3+結末	……… 154
34	謎が謎を呼び、読者が気持ちよく翻弄される文章の型 奇妙な出来事（人物）+推測1～3+答え	……… 160
35	読者が共感してくれるハッピーエンドの文章の型 気になる出来事（人物）+周囲の反応+AかBか+周囲の反応+結末	……… 164

コラム　リアリティを持たせる3つのコツ　　　　　　　……… 170

第8章　思わずクスッとなる「笑い」の型

36	緊張と緩和を使って失敗を笑いにする文章の型 問題提議+失敗例1+失敗例2	……… 172

37	**本心と反対の言葉や行動で笑わせる文章の型** シチュエーション設定+反対セリフ+結末	…………	176
38	**間に立って翻弄される姿で笑わせる文章の型** シチュエーション設定+間を行ったり来たりする+結末	…………	180
39	**人のマネをしたオチで笑わせる文章の型** 成功事例+成功事例をマネする+結末	…………	184
40	**権威の失墜で笑わせる文章の型** シチュエーション設定+権力者との対決+結末	…………	188
41	**騙しの手口で笑わせる文章の型** 騙しの伏線+喜ばしい出来事+結末	…………	194
42	**間抜けぶりで笑わせる文章の型** 浮気の設定+間抜けぶり+結末	…………	198
43	**知ったかぶりで笑わせる文章の型** シチュエーション設定+知ったかぶり+結末	…………	204
44	**話がエスカレートすることで笑わせる文章の型** 謎の設定+喧嘩+エスカレート1+エスカレート2+結末	…………	208

あとがき　オリジナリティへの近道は「型」を覚えること………… 213

装丁	小口翔平+岩永香穂（tobufune）
本文フォーマット	山之口正和（tobufune）
DTP	フォレスト出版編集部

How to Use 本書の使い方

1 文と文章の型
型の展開をイメージしやすいように、端的な例文とともに掲載。[　　]となっている箇所については、想像しながら言葉を当てはめてみてください。

3 この型が使えるのは?
型を効果的に使える文章の分野。もちろん、応用次第では示されている文章以外でも有効です。

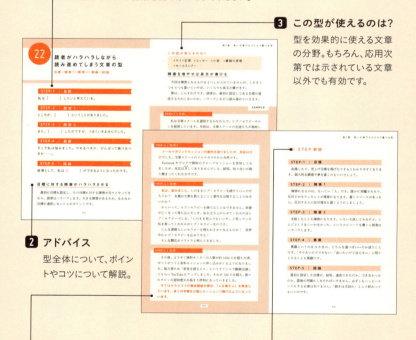

2 アドバイス
型全体について、ポイントやコツについて解説。

4 例文
実際にどのように型を使うかを理解していただくためにSTEPごとにまとめています。型の要素を端的に反映している箇所については文字を強調しています。

5 STEP解説
型や例文に基づき、各ステップを分解して効果や注意点を解説しました。

第 1 章

一瞬で心をつかむ1行の型

「文」が集まって「文章」になります。「文章」が集まって「段落」になり、「段落」が集まって「節」ができ、「節」が集まって「章」になります。

文にも文章にも、節にも、章にも、それぞれに型があります。第1章と第2章では、文に関する型を紹介します。

文はすべての文章の基本なので、たった1文だからと侮ってはいけません。型を意識することで、その効果の有無が見えてきます。ここでは、これだけはおさえておきたい効果的な型を厳選しました。

01 次の文を読みたくなる文の基本型

① 主語 + 述語

主語 + 述語

・メロスは激怒した。
・吾輩は猫である。
・山椒魚は悲しんだ。
・インターネットは怖い。
・日本政府は間違っている。
・政治家は金の亡者ばかりだ。

1 文をシンプルに

　主語・述語のみで書かれたシンプルな文は、読者を引きつけます。なぜならば、それ以外のことを何も語っていないので、読者の頭に「？」マークが何本も立ってしまうからです。「これって、どういうこと？」「何で激怒したの？」とさまざまな疑問が浮かびます。読者は好奇心が刺激されて、次が読みたくなるのです。

飾りはいらない

　この主語や述語に余分な修飾語をつけてしまうと、読者を引きつける力がなくなってしまいます。たとえば「政治などわからない牧人のメロスが街で聞いた邪智暴虐な王様に対して激怒した」と書いてしまったら読みづらくなりませんか？

この型が使えるのは？

- 各種見出し　■ 書き出し　■ SNS　■ サイト記事
- 書籍の原稿　■ エッセー　■ 小説

主語と述語とは？

　主語は、「誰が（何が）」にあたる部分です。述語は、「どうする」「どんなだ」にあたる部分です。主語は、「〜は」「〜が」「〜も」がついている言葉になります。日本語は主語が省略されていることがあります。その場合は、何が主語になるのか想像しなければいけません。読みづらくなりますので、必ず主語は入れるようにしましょう。

SAMPLE

- 何がどうする。　→　月がかくれる。
- 何がどんなだ。　→　月がキレイだ。
- 何が何だ。　　　→　あれが月だ。
- 何がある。　　　→　月が浮かんでいる。

やってみよう

　[　　]の中に適当な言葉を入れて文を完成してみましょう。

問1　国語の先生が、[　　]いる。
問2　[　　]は、ブサイクだ。
問3　トイレで出すのが、[　　]だ。
問4　[　　]が、匂っている。

02 比喩を使って読者に「おや？」と思わせる型

直喩・暗喩・擬人法

直喩・暗喩・擬人法

- [　　　] が [　　　] のようだ（直喩）
- [　　　] が [　　　] だ（暗喩）
- [　　　] が人間のように [　　　] だ（擬人法）
- 人生はマラソンにたとえることができます。
- 杉原さんは太陽のようだ。
- インターネットは情報の海です。
- 杉原さんは職場の花だ。
- 満月が笑っています。
- 台風が金棒を振り回して街をパレードした。

文の中に比喩を入れる

　文の中に比喩が入っていると、読者は一瞬「おや？」と思います。ちょっとした驚きと感動を覚えるのです。

　比喩というのは、「何かを他の何かに置き換えて表現すること」です。イメージしやすくなりますので難しいことをわかりやすく説明するときや、その部分を強調したいときに使います。

比喩のつくり方

　読者が誰なのかを考えるとさらにステキな比喩がつくれます。

第1章　一瞬で心をつかむ1行の型

この型が使えるのは？

- 書き出し　- SNS　- サイト記事　- 書籍の原稿
- エッセー　- 小説　- キャッチコピー

読者が小学生ならば、「消しゴム」や「すべり台」など小学生の身近にあるものに置き換えてみるといいでしょう。たとえば、「勉強しないとすべり台のようにススッと成績が落ちるよ」というように、より伝わる文になるのです。

比喩には3種類ある

・直喩法（「〜のようだ」などの語を使う比喩）
　➡人生はマラソンにたとえることができます。
　➡杉原さんは太陽のようだ。
・暗喩（隠喩）法（「〜のようだ」などの語を使わない比喩）
　➡インターネットは情報の海です。
　➡杉原さんは職場の花だ。
・擬人法（人間以外のものを人間にたとえる比喩）
　➡満月が笑っています。
　➡台風が金棒を振り回して街をパレードした。

　1文の中に比喩を入れるのではなく、文章全体を、何かにたとえるというパターンもあります。これも1つの型だと言えるでしょう。たとえば、食事をボクシングにたとえてグルメリポートしてみると次のようになります。

SAMPLE

　第1ラウンドは麻婆豆腐だ。ひと口食べてみると、山椒の軽いジャブが飛んできた。第2ラウンドのラーメンの肉厚チャーシューにノックアウトされた。デザートの杏仁豆腐は、挑戦者に渡される花束のようだった。

03 見出しやコピーに使える痛みと快楽に訴える文の型

痛み → 快楽（痛みの軽減・消滅）＋方法

痛み → 快楽（痛みの軽減・消滅）＋ 方法

・［　　　］でも［　　］する方法
・一瞬で心をつかむ文章を書く方法
・たった1人で年収1億円を達成した方法
・崖っぷち39歳女子が1カ月で婚活を卒業した方法

「方法」が入っていると読みたくなる

　人間の行動の根源には「痛みを遠ざけること」と「快楽を得ること」の2つがあります。ですから、人は常に「この痛みからどうすれば逃げ出せるのだろうか？」「あの快楽を得るにはどうすればいいのだろうか？」と考えています。

　つまり、「痛みを遠ざける方法」と「快楽を得る方法」を探しているのです。だから、1文に「○○する方法」とあれば、読者は読みたくて仕方がなくなります。ちなみに「痛み」にフォーカスしたほうが緊急性が高いので反響が高くなります。

読者の悩みと願望を見つける

　一番のポイントは読者の「悩み」と「願望」を見つけることです。読者がどんな痛みや悩みを持っているか、どんな願望や夢を持っているか、それがわかればあとは簡単です。「その痛みをな

この型が使えるのは?

- 各種見出し ■ サイト記事 ■ 企画書 ■ 書籍の原稿
- キャッチコピー ■ セールスレター

くす方法」あるいは「その願望を叶える方法」という文をつくればいいのです。

方法には類義語がたくさんある

「方法」という言葉には、いくつかの類義語があります。テクニック・メソッド・やり方・技法・手法・技術・流儀・方式・手段・教え・ツボ・コツ・○○術などの言葉を使ってもOKです。

SAMPLE

- 一瞬で心をつかむ文章術
- たった1人で年収1億円を達成したメソッド
- 崖っぷち39歳女子が1カ月で婚活を卒業したヨガの教え

やってみよう

問1 あなたのビジネスの見込み客がどんなことで悩んでいるか? どんな痛みや不満を感じているのかを調べてみましょう。

問2 見込み客がどんな願望や夢を持っているか調べてみましょう。

問3 見込み客の胸に突き刺さる言葉を見つけ、それに「方法」をつけてキャッチコピーをつくってみましょう。

04 ストレートに、明確に伝わる文の型

② 主語 + 述語

> **主語 + 述語**

・[　　　]は[　　　]だ。
・[　　　]が[　　　]だった。

　彼は老いていた。小さな船でメキシコ湾流に漕ぎ出し、独りで漁をしていた。一匹も釣れない日が八四日も続いていた。最初の四〇日は少年と一緒だった。

簡潔な文にする

　上に記した例文は、ヘミングウェイの『老人と海』の書き出し部分です。ヘミングウェイの文は簡潔なことで有名です。1文1文を簡潔にすると読者に伝わりやすくなります。無駄な言葉をダラダラと並べ、あいまいな表現を使い、1文を長くしてしまうと、読者に何も伝わらない、意味不明の文になってしまいます。

簡潔な文にするための3つのテクニック

　①1文1文を短くする、②無駄な言葉を削除する、③具体的な数字で表現する。この3つを心がけて書けば、それだけでプロ並みの文章になります。最初は何も考えずに一気に書いて、推敲時にこの3つのテクニックを使う方法もあります。

この型が使えるのは？

- 各種見出し ■ SNS ■ サイト記事 ■ 小論文
- エッセー ■ 小説

冗長な文章にしないためのコツ

　ヘミングウェイは新聞に記事を書いていた時期があります。新聞はスペースが限られていますから、推敲するときに文字数を調節しなければいけません。原稿を新聞の枠におさめるために「この言葉はいらないな」とか「これは、こう言い換えてみよう」など、一つひとつの言葉を吟味し取捨選択します。

　簡潔な文を書くためには、文字数を制限内に収めることがコツです。

やってみよう

問1　次の文を2つ以上に分けて短文にしてみましょう。
　最新の経営学の知見によれば、イノベーションは、異なった専門分野や価値観を有する多種多様なメンバーが自由闊達に議論する中から生まれることがわかっており、急速な少子高齢化の進展を勘案すると、わが国でも「移民」に関する議論をするべきではないだろうか。

問2　次の文の無駄な言葉を削除してみましょう。
　妻と結婚し、2年の月日が光陰矢の如しというように、あっという間に過ぎていった。

問3　次の文を具体的な数字で表現してみましょう。
　うちの会社は残業がものすごく多い。

文学にも使われている
心に響く文の型

感情を揺さぶる5パターン

イメージが伝わる名詞を繋いで読者を引き込む

　蘭陵の酒を買わせるやら、桂州の竜眼肉をとりよせるやら、日に四度色の変る牡丹を庭に植えさせるやら、白孔雀を何羽も放し飼いにするやら、玉を集めるやら、錦を縫わせるやら、香木の車を造らせるやら、象牙の椅子をあつらえるやら、その贅沢を一々書いていては、いつになってもこの話がおしまいにならない位です。

　この例文は芥川龍之介の『杜子春』からの引用です。この1文で唐の時代の雰囲気やイメージが読者に伝わります。イメージが伝わるような名詞を並べるだけでいいのです。

セリフ回しを使って読者との距離を縮める型

　ハテナ？　では、やっぱり手紙なのかしら、そう思って、何気なく二行三行と目を走らせて行く内に、彼女は、そこから、何となく異常な、妙に気味悪いものを予感した。

「ハテナ」とか「やっぱり手紙なのかしら」といったセリフのような言い回しをすると読者との距離がグンと近づきます。
　この例文は、江戸川乱歩の『人間椅子』です。

この型が使えるのは?

- 書き出し ■SNS ■サイト記事 ■書籍の原稿
- エッセー ■小説 ■キャッチコピー

強烈なメッセージをシンプルに伝えることで印象に残す型

　恥の多い生涯を送って来ました。

『人間失格』(太宰治)の中にある一文です。この文が妙に印象に残るのはなぜでしょうか？　ネガティブなメッセージを、短くシンプルに書いているからではないでしょうか。

ギャップを使って読者をドキッとさせる型

　桜の樹の下には屍体が埋まっている！

『桜の樹の下には』(梶井基次郎)の書き出しです。「桜」と「屍体」のギャップが大きいので、ドキッとします。

メタフィクションで意表をつく型

　おらのことは、『トム・ソーヤーの冒険』っていう本を読んだ人でなければ、だれも知るめえが、そんなことはかまわねえ。

『ハックルベリー・フィンの冒険』(マーク・トウェイン)の冒頭の文です。これは作り話であることを意図的に気づかせるのですが、読者は意表を突かれたような気持ちになります。このように、作中であえて作り話であることを表現したり、小説の中に小説を登場させたりすることを「メタフィクション」といいます。

コラム 「内容がないね」と言われないためのコツ

「この話のオチは何？」とか「君の文章には内容がないね」とか、言われたことがありませんか？

悔しくて頭をかきむしったことでしょう。どうすればいいのかわからなくて悶々としたことでしょう。

でも、もう大丈夫です。

そもそも文章における「内容」とは何でしょうか？

それは「驚き」です。 文章に「驚き」があるかどうかです。「驚き」には、次の3つがあります。

① 新奇性

読者が聞いたことも、見たこともないような新しい情報が入っていると、それが内容のある文章になります。情報収集のために常にアンテナを張っておきましょう。

② 意外性

常識をくつがえすような意外なことが書いてあったら、それは「内容のある文章だね」と言われます。とりあえず、常識とは逆のことを書いてみて、後で悩んでみましょう。

③ 普遍性

有名人が残した名言や教訓には、時代を超えて人々の心を打つ普遍の真理があります。その真理の言葉があるものが内容のある文章なのです。

第 2 章

相手をメロメロにする疑問文の型

　疑問文には不思議な力があります。読者は疑問文を読むと、つい答えを考えてしまうのです。たとえば「あなたが好きな食べ物は何ですか？」と書いてあったらどうでしょうか？　すぐに「寿司」とか「すき焼き」とか「焼き肉」とか、思い浮かべたのではありませんか？　そんなふうに、疑問文は読者に考えさせる力を持っているのです。

　答えを考えてしまうだけではありません。メールやLINEなどで疑問文が送られてくると「返事を書かなきゃ」と思うはずです。つまり、疑問文には読者の心を少しだけ動揺させる力があるのです。この力を活用した効果的な文の型を紹介します。

読者の欲望を刺激する疑問文の型

仮定＋疑問

仮定＋疑問

- もし、[　　　]なら、[　　　]ですか？
- 年収1億円になったらどんなマンションに住みますか？
- 腰痛が治ったら何をしますか？
- お金持ちと結婚するなら何歳までにしたいですか？
- 海外に住むならどこがいいですか？

読者が求めている理想の未来を知る

「年収1億円」「腰痛が治る」「お金持ちと結婚する」「海外に住む」といった、求めている理想の未来をまずイメージさせることが大切です。読者はイメージするだけで、次を読みたくなるものです。

そのためには、まずは読者が何を求めているのかを知らなければいけません。

答えやすい質問を投げかける

「○○なったら」「△△するなら」といった言葉で、「理想の未来」と「質問」を繋げます。

そして、読者が答えやすい質問を投げかけてみてください。簡単な質問なら、すぐに読者は考えはじめます。考えはじめると、イメージした理想の未来が潜在意識に刷り込まれていきますの

この型が使えるのは？

- 各種見出し ■書き出し ■サイト記事 ■企画書
- 書籍の原稿 ■キャッチコピー ■セールスレター

で、知らない間に心がワシづかみされるのです。

緊急性が高いのは「苦痛」

　人間には「快楽を求めること」「苦痛から逃げること」の２つの行動原理があることは先述しました。セールスレターを書くとき、この２つを意識すれば読者の欲望を刺激することができます。

　とくに「苦痛」は緊急性が高いので、「苦痛」に訴えたセールスレターを書けば、提供するサービスや商品を購入する可能性が高くなります。もちろん、具体的に見込み客がどんな「苦痛」を感じているのかはリサーチが必要です。

　そして、「このサービスを受ければ、その『苦痛』から逃れることができますよ」と訴求すればいいわけです。訴えるときに疑問文にするとより効果がアップします。

やってみよう

次の［　　　］の中に適切な言葉を入れてみましょう。

問１　［　　　］しなくていい会社があったら、就職したいですか？

問２　美しくなるなら、［　　　］ますか？

07 相手にNOを言わせない二者択一の疑問文の型

仮定＋二者択一の疑問

仮定＋二者択一の疑問

- もし、[　　　]なら、[　　　]ですか？　それとも[　　　]ですか？
- 愛に満ちあふれた人生を送るために、今から美しくなりたいですか？　それとも、3年後からはじめますか？
- もし休日に食事するとしたら、イタリアンにしますか？　和食にしますか？

快楽はすぐに手に入れたい

　2つ目の文例のポイントは「今すぐ美しくなりたいのか？」それとも「3年後か？」という二者択一です。愛に満ちあふれた美しい女性になるという「快楽」は女性なら今すぐ手に入れたいはずです。この疑問文を読んだ女性読者は、どうすれば手に入るのか、続きが読みたくなります。

あいまいな言葉にはNOと言えない

　「ボクとデートしてくれませんか？」と明確な質問をされたら、YESかNOと答えるしかありませんが、「もしも休日に食事するとしたらどこがいいですか？」など、あいまいな言い方をされると、NOの選択肢は消えます。

この型が使えるのは？

- 各種見出し ■書き出し ■サイト記事 ■企画書
- 書籍の原稿 ■キャッチコピー ■セールスレター

二者択一の応用例

二者択一の疑問を入れる型には、いろんな応用ができます。

SAMPLE

①プラスとマイナスの二者択一
・英語を学んで外国人としゃべってみたいですか？ それとも、海外旅行程度の会話もできないままでいますか？
・24時間365日がむしゃらに働いて年収1億円になる方法と、1日3時間ほどしか働かないのに遊んでばかりいて年収1億円になる方法がありますが、どちらがいいですか？

②手に入れたい未来を前提にする二者択一
・外国人とペラペラと話せるようになって、アメリカへ行きますか？ それとも東南アジアに行きますか？（外国人とペラペラ話すことが前提になった疑問文）
・ダイエットで10キロ減量したスリムな体になったら、赤色のワンピと水色のワンピ、どちらを着ますか？（スリムな体になることが前提になった疑問文）

③「教えましょうか？」を加える二者択一
　ネット初心者の70代老婦人が月に50万円稼いだ方法があるのですが、知りたいですか？ 知りたくないですか？ よかったら、教えましょうか？

08 知らぬ間に相手を誘導してしまう疑問文の型

仮定＋絶対にイエスと言ってしまう疑問

仮定＋絶対にイエスと言ってしまう疑問

- もし［　　　］できるとしたら、［　　　］しませんか？
- 寝ているだけで集客が10倍アップする方法があるのですが、知りたくないですか？
- 私のメルマガ読者は10万人、Twitterのフォロワー6万人、Facebookの友だち3000人ですが、この私の人脈を自由に使ってみませんか？
- 年間50億円を売上げるコピーライターが無料であなたのセールスレターを書いてくれるとしたら、依頼しますか？

YESと言ってしまう疑問文を考える。

　まずは読者がYESと言ってしまう疑問文を考えます。ビジネスを展開している人ならば必ず集客で悩んでいますし、メルマガやSNSをどうやって活用すればいいか、セールスレターはどう書けばいいかで苦しんでいるはずです。

　そこへ例文のような疑問文が飛び込んできたら、読者は食いついてきます。

疑問文をちりばめる

　読者がYESと言ってしまう疑問文をセールスレターの中にち

> **この型が使えるのは？**
>
> ■各種見出し ■書き出し ■サイト記事 ■企画書
> ■書籍の原稿 ■キャッチコピー ■セールスレター

りばめておくと、「あなたの言う通りにします。どうすればいいのでしょうか」と読者の気持ちが誘導されます。

セールスに効果があるのはやっぱり……だった

　FacebookやTwitterやInstagram、LINEなど、新しいSNSが次々と登場してきて、集客やセールスに活用されています。見込み客の中には「LINEはやってるけどFacebookはやってない」、「Instagramを時々見るくらいです」という人もいるわけで、新しいものをすべての人が活用しているわけではありません。

　しかも、最終的に商品を購入したり、セミナーに申し込んだりするのは、結局はHPなのです。いわゆる「セールスページ（SP）」と呼ばれています。

　SNSは、SPへと誘導するための導線にすぎません。

「プロダクトローンチ」とは？

　メルマガやブログ、Facebook、Twitter、LINE＠などから、いきなりSPへ誘導しても、なかなか購入してくれるものではありません。ファンになってもらい、欲望を引き出し、爆発寸前まで焦らしておいて、そこでSPを告知するのです。そうした手法のことを「プロダクトローンチ」といいます。

　つまり、いきなり売り込みをしないで、欲望をマックスまで引き出したうえでセールスするわけです。しかも、セールス期間も2週間ぐらいの短い期間に限定します。

非論理的なのに相手を その気にさせる疑問文の型

アイデンティティ＋疑問

アイデンティティ＋疑問

- なぜ［　　　］な人は、［　　　］なのでしょうか？
- 広島出身の人はがんばり屋さんだから、きっといろんな勉強をされているんでしょうね？
- 『ラブライブ！サンシャイン!!』のファンには悪い人はいないって本当ですか？
- なぜ語学留学する女性ってみんな可愛いんでしょうね？

相手のアイデンティティを見つける

　相手がどんな階層や人種、コミュニティなどに属しているかを考えてみましょう。趣味や嗜好、好きな映画や漫画なども重要です。それらをアイデンティティとして持っている人がいるからです。あなたの読者がどんなアイデンティティを持っているのかをリサーチする必要があります。

　アイデンティティに訴えるような言葉を使うと相手を行動に駆り立てることができます。たとえば、「タバコのポイ捨てはやめましょう！」と書いたポスターを貼り出すよりも、「本当の愛煙家はタバコのポイ捨てはしないそうですね？」と書いたほうが効果があると思いませんか？

第2章　相手をメロメロにする疑問文の型

この型が使えるのは？

- 各種見出し ■ 書き出し ■ サイト記事 ■ 企画書
- 書籍の原稿 ■ キャッチコピー ■ セールスレター

アイデンティティに褒め言葉を加える

「広島出身」と「がんばり屋さん」には何の因果関係もありません。もちろん、その他の例も同様です。ただ、自分のアイデンティティをくすぐられると、相手はその気になるということです。

この型は「相手のアイデンティティと、その気にさせる言葉を結び付けて疑問文をつくる」と覚えておいてください。「もてなし上手」「粘り強い」「正直者」「情熱的」など、ポジティブな言葉を使うと、相手はその気になります。逆に「間抜け」「怠け者」「意地悪」など、ネガティブな言葉を使うとやる気も失せていきます。

やってみよう

あなたの友人を1人決めて、その人のアイデンティティを考えてみましょう？

問1　どこの出身者ですか？
問2　出身校はどこですか？
問3　趣味は何でしょうか？
問4　何かのファンだったりしますか？
問5　スポーツをしていますか？
問6　何かのコミュニティに入っていますか？
問7　次の［　　］の中に褒め言葉を入れてみてください。
　　（出身県や趣味など）の人って、なぜ［　　］なんでしょうね？

10 読者も気づかぬウォンツを引き出す魔法の疑問文の型

仮定・結果＋ウォンツを引き出す疑問

仮定・結果＋ウォンツを引き出す疑問

- もし［　　　］する［　　　］があれば、欲しく（知りたく、なりたく）ないですか？
- あなたをわずか3日でスリムな体型にしてくれるサプリがありますが、試してみたくありませんか？
- 10年間連続年収1億円を超えた投資方法がありますが、知りたくありませんか？
- たった1人のイケメン男性から一生愛される女性になりたくありませんか？

ウォンツを引き出す3つの「？」

「欲しくありませんか？」
「知りたくありませんか？」
「なりたくありませんか？」

　この3つのクエスチョンのついた疑問文には魔法があります。読者自身も気づいていなかったウォンツを引き出すという魔法です。

読者のウォンツを言葉にしてあげる

　多くの人は自分が何を求めているのかわかっていません。漠然

この型が使えるのは？

- 各種見出し ■ 書き出し ■ サイト記事 ■ 企画書
- 書籍の原稿 ■ キャッチコピー ■ セールスレター

とお金が欲しいと思っているだけで、お金を手に入れたら何を買うのか決めていなかったりします。それは、単に生活の不安から逃れたいだけなのかもしれません。そんな読者の気づかないウォンツを言葉にしてあげることが大切です。

理想的な見込み客を自分の周りから探す

　セールスや集客のキャッチコピーを考える前にリサーチすることが重要になります。リサーチもせずにセールスするのは、水たまりで魚を釣ろうとしているのと同じことです。

　リサーチといっても、大企業がするような何千人規模のアンケート調査をする必要はありません。

　それは、あなたの友人の中から理想的な見込み客を1人選んで協力してもらうことです。その人に、この型の疑問文を10本くらい見てもらい、どれが一番、心を揺さぶられるかを聞けばいいのです。その回答をもとにして修正していきましょう。

やってみよう

この型を使ってキャッチコピーを考えてみましょう。[　　]の中に適切な言葉を入れてみてください。

　　たった3時間で[　　]する方法があります、知りたくありませんか？

コラム　｜　売り込み文を書く前にやるべきこと！

　私はよくキャッチコピーの相談を受けるのですが、セミナーの集客がうまくいかないという人がいました。聞くとFacebookとブログで告知をしているそうです。

　友人やブログの読者にいきなり「セミナーをやりますから来てください」と勧誘しても、なかなかうまくいかないでしょう。事前にやるべきことがあるのです。セミナー集客のためにやるべき5つのステップをご紹介しましょう。

ステップ1　同じ願望、悩みを持った人たちを集める

　たとえば、子育てで悩む人たちだけを集めて特定のグループをつくってみてもいいし、ファネルページをつくってメアドを登録してもらうのもいいでしょう。ファネルというのは「漏斗(じょうご)」という意味で、同じ願望、同じ悩みを持った人を絞り込むということです。

ステップ2　役立つ情報を提供する

　子育てで悩む人たちを集めたら、その人たちに役立つ情報を提供していきます。たとえば、ママがイライラしたときの落ち着かせ方とか、子どもが癇癪(かんしゃく)を起したときの対処法などのノウハウがいいでしょう。そうした情報を提供してファンになってもらうのです。

ステップ3　緊急性の高い痛みを見つける

　リアルに会って、相手の話を聞いてみる必要があります。相手がどんなことで悩んでいるのか予想して、10本ほどセミナーのキャッチコピーを考えておきます。緊急性の高い痛みは何だ

ろうかと考え、「それを解決する方法があります、知りたいですか？」という疑問文の型を使います。

　この作業がもっとも重要です。ここをおろそかにすると集客が思わしくなくなります。決して手を抜かないようにしましょう。

ステップ4　解決した成功事例を探す

　成功事例がないと説得力がありません。あなた自身の成功事例でもいいし、友人や仲間の中にうまくいったエピソードがあれば、それを集めておきましょう。

ステップ5　キャッチコピーを考える

　たとえばの話です。リサーチした結果、緊急性の高い痛みが「母親自身がイライラして子どもを殴ってしまうこと」だったとします。これは深刻ですし、すぐにでも解決しなければいけない問題です。

　そこで、こんなキャッチコピーを考えてみました。
「イライラして子どもを殴ってしまいそうになったときの対処法があります、知りたいですか？」

　要するに、同じ願望、同じ悩みを持った人たちを集め、その人たちに役立つ情報を提供し「あなたが抱えている問題を解決する方法を私は知っています、それを教えてあげますよ」と告知すればいいのです。

第 3 章

説得力がアップする文章の基本の型

　本章からは文章の型について解説します。文が集まって文章になります。TwitterやFacebookなどは短い文章で伝えなければいけません。中にはさっぱり意図が伝わってこない長々とした文章を発信しつづけている人もいます。あなた自身も、「もう少しマシな文章が書けたらいいなぁ」と思ったことがあるのではないでしょうか？

　本章では、比較的短い文章を書くための型をいくつかご紹介します。この型さえ覚えれば、あなたの文章が見違えるように伝わりやすくなります。

11 自分の意見をストレートに伝える文章の型

自分の意見＋意見を解説＋理由

STEP-1 | 自分の意見

・[　　]は[　　　]です。
・[　　]をしましょう（やめましょう）。

STEP-2 | 意見を解説

[　　]は[　　　]だと思う。

STEP-3 | 理由

なぜなら[　　　]だからだ。

自分の意見とは？

　書き手のあなたがどう思ったのか？　あるいは、どう考えたのか？　それが意見です。
　たとえば、「起業」について、あなたはどう思いますか？
　起業なんて無謀なことだと思いますか？　それとも、夢を追いかける素晴らしいことだと思いますか？
　その意見を最初に書けばいいのです。

理由の書き方

　先に意見を書いて、その後に理由を書きます。理由を書くとき、

第 3 章　説得力がアップする文章の基本の型

この型が使えるのは？

- SNS　- サイト記事　- 小論文　- 企画書　- メール
- 書籍の原稿　- エッセー　- セールスレター

「なぜならば」とか「○○だからです」と、これが理由であることを明確にすると、よりわかりやすい文章になります。

　理由が複数ある場合は、「その理由は3つあります」と書いてからまとめるといいでしょう。

SAMPLE 1

STEP-1 | 自分の意見

　起業なんて無謀なことです。

STEP-2 | 意見を解説

　起業というのは、新しく事業を起こすことです。ベンチャーとも言います。最初は1人でやらなければいけませんし、わからないことだらけなのが起業です。

　会社員として束縛されるのが嫌で独立する人がいますが、もっとよく考えたほうがいいです。**絶対にやめたほうがいい**と思います。

STEP-3 | 理由

　なぜならば、**起業1年で約半数の会社が倒産するから**です。5年もつのはせいぜい5％だといいます。いくら綿密に計画を立てたとしても、あるいは貯蓄があったとしても、凡人には成功できることではないのです。

　夢を持って起業したのはいいけれど、わずか1年で倒産です。後は借金が残るだけ。世間の信用はなくなり、やる気もなくなり、

残りの人生を敗北者として生きていくのです。
　だから、絶対に起業はやめたほうがいいと思います。

SAMPLE 2

STEP-1 ｜ 自分の意見

　起業をしませんか？

STEP-2 ｜ 意見を解説

　起業というのは、新しく事業を起こすことです。ベンチャーともいいます。最初は1人でやらなければいけませんが、**誰の指図も受けず自由にできるのが起業の醍醐味**です。

STEP-3 ｜ 理由

　私が起業をすすめる理由は3つあります。
　1つ目は、**自由度が増す**ことです。「自由といっても嫌なお客からあれこれと指図を受けることがあるじゃないか」という意見があるかもしれません。しかし、自分の会社なのですから、嫌なお客からの依頼は断ればいいのです。むしろ、断ることで、あなたの評価は高くなります。「あの人はこんな安い仕事はやってくれないんだ」という評判が立つかもしれません。
　2つ目は、**ダメならやめればいい**からです。起業する前からダメだとあきらめていいのでしょうか。やってみて、ダメだなと思ったらやり方を変えて再度挑戦すればいいだけのことです。
　3つ目は、**会社員を続けながらでもできる**からです。最初から会社を辞める必要はありません。副業としてはじめる方法もあります。できることからコツコツとやればいいのです。

STEP 解説

STEP-1 ｜ 自分の意見

　先に自分の意見を書きます。しかも、例文１のように、簡潔な短文で書くといいでしょう。短文は読者を引きつける力を持っていますから、どんどん読みたくなるのです。

　例文２のように、呼びかけるタイプも自分の意見といえるでしょう。

STEP-2 ｜ 意見を解説

　一言意見を書いただけだと、読者には意味がわかりづらいのです。誰に向かって言っている意見なのか、そもそも賛成なのか、反対なのか、はっきり示す必要があります。

　まずは、語句の解説をしてあげてください。例文で出てきた「起業」という言葉にも、読者はさまざまなイメージを持っているはずです。ですから、あなたが考える「起業」という言葉の定義を示しておく必要があるのです。

STEP-3 ｜ 理由

　例文１では「なぜならば」という言葉を使いました。こうすれば、ここから理由が書いてあるのだということが読者に伝わります。例文２では、理由を３つにまとめて書きました。このように、なるべく伝わりやすい文章を心がけましょう。

　とにかく、自分の意見を書いたら、必ず理由を書くのだと意識しておけば、どんな文章でもスラスラと書けるようになります。

12 自分の気持ち・感情に共感してもらうための文章の型

自分の感情＋その場の状況説明＋理由

STEP-1 | 自分の感情

私は［　　　］という気分になっている。

STEP-2 | その場の状況説明

［　　］のとき、［　　　］ということがあった。

STEP-3 | 理由

なぜなら、［　　　］だからだ。

自分の感情とは？

　気持ちというのは、言い換えると感情です。喜怒哀楽のことです。気持ちを伝えるというのは、そのときどういう感情だったのかを表現することになります。

　感情はさまざまです。怒りの感情にも「イライラした」とか「激怒した」とか「大噴火寸前だった」とか、いろんな表現方法があります。

　感情表現の言葉を工夫してみましょう。具体的には小説や随筆などを読んで、気になる感情表現があったらメモするなどをしてストックしたり、類語辞典を活用したりしてください。

第3章　説得力がアップする文章の基本の型

この型が使えるのは？

- SNS　■サイト記事　■メール　■書籍の原稿
- エッセー　■セールスレター

状況説明は5W1Hを意識

　感情を解説するとき、「いつ」「どこで」「どんなふうに」が書いてあると、読者に伝わりやすくなります。いわゆる5W1Hです。文章に5W1Hを入れることを常に意識しましょう。

SAMPLE 1

STEP-1 | 自分の感情

　私の胸に**怒り**がこみ上げてきました。

STEP-2 | その場の状況説明

　ゴールデンウィーク明けのことです。**課長に呼び出されました。会議室で課長と2人きり**です。私は飛び出しそうになるくらい目を見開いて課長を睨んでいました。

　課長はいつもの能面のような表情です。この課長には**以前**煮え湯を飲まされたことがあります。**私が1人で駆けずり回ってまとめた契約を自分の手柄にして上へ報告した**のです。そこに私の名前は1行も書いてありませんでした。

STEP-3 | 理由

　課長は私にこう言いました。
「A社が契約更新できなかったのはお前の責任だからな。給料カットは覚悟しておけ！」
　あきらかに課長のミスでA社の担当者を怒らせたのに、その

責任を全部私に押し付けてきたのです。なんと理不尽な上司でしょうか?

気がつくと、自分の手のひらに爪を食い込ませていました。**そのとき、私は退職を決意した**のです。

SAMPLE 2

STEP-1 | 自分の感情

55年間生きてきて、**これほど驚いたことはない**。それは、約37兆個の体のすべての細胞が一瞬で死んで、一瞬で生まれてきたような衝撃だった。

STEP-2 | その場の状況説明

そのとき、私は小さな印刷会社を経営していた。4月の決算は赤字だった。これで3期連続赤字である。銀行からの融資も期待できない状況だった。高い金利の消費者金融に手を出すかどうかの瀬戸際にあった。会社を解散するべきか、それとも、消費者金融に手を染めるべきか?

5月の連休だった。結論の出ないまま、**私は新宿紀伊國屋のビジネス書コーナーをふらついていた。そこで、私は神田昌典さんの『あなたの会社が90日で儲かる!』に出会った。**

STEP-3 | 理由

私はそれまで、いいものをつくれば売れると考えていた。印刷会社の場合は、キレイな仕上がりと納期を守ることだった。しかし、そんなことは意味がないことがわかった。お客は、そんなことを求めていないのだ。

大事なのは相手の感情を揺さぶることだったのだ。

STEPの解説

STEP-1 | 自分の感情

　例文1では自分の感情を短文にまとめてみました。簡潔に書かれた文章は次を読みたくなります。

　例文2では、驚きを「37兆個の細胞が死んで生まれた」というように、ちょっと表現を工夫してみました。

STEP-2 | その場の状況説明

　状況を説明するときに欠かせないのが5W1Hです。その中の「誰が」にあたる情報は慣れていないとなかなか書けません。例文1の場合は、課長という登場人物がいますので、課長のことを少し解説してみました。

　例文2では、主人公の「私」について述べています。このように人物が出てきたら、その人となりを説明するようにしましょう。書き手のあなたはわかっていても、読者にはどんな人物なのかわからないのですから。

　「いつ」「どこで」も、より具体的な情報を入れるように心がけましょう。

STEP-3 | 理由

　今回の例文では「なぜならば」とか「〜だから」といった言葉は使っていません。そうした言葉を使わなくても、書き手が、ここから「怒りの理由」「驚きの理由」を書くのだと意識すればいいのです。文章の最初に、「怒り」や「驚き」といった感情が書いてあると、読者は「なぜ怒ってるの？」という疑問を持ちます。その疑問に答えるように、状況説明をして理由を書くわけです。

13 対立する相手より優位に立つための文章の型

**結論＋結論に対する反対意見
＋反対意見への議論・考察＋理由**

STEP-1 | 結論

私は○○を［　　　］と考える。

STEP-2 | 結論に対する反対意見

○○を［　　　］と考える人がいる。

STEP-3 | 反対意見への議論・考察

しかし、○○とは［　　　］であると考えるべきだ。

STEP-4 | 理由

私がそう考える理由は［　　　］だからだ。

結論と意見の違い

　結論と意見は、ほぼ同じものと考える人は多いでしょう。意見は筆者の主張です。結論も筆者の主張ですが、微妙に違います。意見は、筆者の考えをただ言っただけのものです。

　結論は、議論したり、考察したりしたうえで最終的に判断を下したものです。本来ならば文章の最後にもってくるのが結論です

この型が使えるのは？

- SNS ■サイト記事 ■小論文 ■企画書 ■メール
- 書籍の原稿 ■エッセー ■セールスレター

が、この型は、その結論を最初にもってきて、議論や考察はその後にしています。

議論・考察とは？

議論とは、賛成意見と反対意見を戦わせることです。世の中にあるいろんな意見を拾ってきて書き込んでいきます。

考察のポイントは、賛成と反対の両方の意見をきちんと書くことです。2つの意見を並べて筆者はどちらを選んだのか、その理由を最後に書いていきます。

SAMPLE 1

STEP-1 | 結論

経営理念など必要ない。 そんなものを考える時間があったら、1人でも多くの顧客と会って話を聞くことのほうがよほど生産的である。

たとえば、ナイキの経営理念は「世界中のすべてのアスリートにインスピレーションとイノベーションをもたらす」。Facebookは「誰もが情報を共有できる、オープンで繋がりのある世界を実現する」。こんな言葉が何の役に立つというのだろうか？

STEP-2 | 結論に対する反対意見

　経営理念をつくることに賛成する人たちの意見は次の3つに集約される。

　1つ目は、社員が自分の頭で考え、自主的に行動するための基本方針になるから。2つ目は、経営方針の判断基準になるから。3つ目は、社員のモチベーション維持に繋がるから。

STEP-3 | 反対意見への議論・考察

　しかし、本当に経営理念がこうしたメリットを生み出しているとは思えない。はなはだ疑問だ。そもそも自分の頭で考え自主的に行動する社員がいるのだろうか？

STEP-4 | 理由

　経営理念が必要ないと主張する理由は、**行動目標があれば十分だと思うからだ。**

　企業の目標があり、それに合わせて個人の目標を設定し、月々進捗状況を確認すればいい。

SAMPLE 2

STEP-1 | 結論

　商品やサービスは先に決めないほうがいいと思います。私の友人が「疲れ目ケアマッサージを習得したので、これでお店を開きたい。これは絶対に売れる」と言うのですが、私は反対しました。

STEP-2 | 結論に対する反対意見

友人が言うには、「**現代人はスマホやパソコンに向かう時間が長いので眼精疲労で悩んでいる人が多いはず。だから、疲れ目ケアマッサージは絶対に売れる**」とのことでした。

STEP-3 | 反対意見への議論・考察

しかし、その見込み客は眼精疲労を治したいわけで、別にマッサージを求めているわけではありません。サプリメントや目薬で治るのなら、それでいいのです。

STEP-4 | 理由

私が反対する**理由は、「疲れ目ケアマッサージ」が売れるかどうかわからない未知数の多い状態だから**です。

現代はインターネットで見込み客と簡単にコミュニケーションできます。先に「眼精疲労で悩んでいる」見込み客をネットで集めればいいのです。その人たちにメールマガジンを配信しながら、何にお金を使うのかをリサーチすればいいのです。もしかすると、マッサージではなくてサプリのニーズがあるかもしれません。だから反対したのです。

STEPの解説

STEP-1 | 結論

結論を書いたら、必ず、それを解説するようにしましょう。例

文1では「企業理念」について述べています。企業理念に対する主張（いらないという主張）だけでなく、企業理念とはどういうものなのかを解説しています。

STEP-2 ｜ 結論に対する反対意見

次に、読者からの反論の芽を摘むための前準備として、あえて自分から結論の反対意見を述べます。すなわち、例文1では結論が「経営理念はいらない」というものでしたので、このステップでは、「経営理念は必要だ」という意見とその理由を書いていくのです。

例文2では、友人の事例を使っています。結論が、友人の起業に反対の立場でしたので、その友人の言い分をそのまま書いていけばいいのです。

STEP-3 ｜ 反対意見への議論・考察

議論というのは、お互いに意見を出し合うことです。前の段落で反対意見を述べていますので、この段落では、その反対意見に対してさらに反駁します。そうすることで、読者の反論の余地をなくしたり、自分の論考の説得力を高めることができます。

この型を使うとき、筆者は一人二役でなければいけません。自分の意見を言う人と、反対意見を言う人の二役です。

STEP-4 ｜ 理由

最初に書いた結論の理由を最後に書きます。例文1では、企業

理念が必要ないと考える理由を、例文2では先に商品を決めてはいけない理由を書きました。

　この型を使った文章は、単刀直入にスパッと述べてあるなぁという印象を読者に与えます。読んでいて気持ちがいいですし、筆者が何を言おうとしているのか、すぐにわかります。忙しい上司はよく「結論を先に言いなさい」と言いますが、この型を使えばもう大丈夫です。

やってみよう

賛成意見と反対意見の両方を出す練習をしましょう。
ここでは、「結婚はするべきだ」という意見の賛成と反対の両方の理由を考えてみてください。

賛成意見の例
- 社会的な信用度がアップする。
- 孤独が癒せる。
- 1人より2人のほうが楽しい。

反対意見の例
- 結婚して楽しいのはせいぜい3カ月。後はバトルの苦しい時間が待っているだけ。
- 収入がカツカツなうえに、妻のATMに成り下がるだけ。
- 家族よりも趣味に時間を使いたい。

14 自分の意見の説得力が アップする文章の型

意見＋意見を補足する事例1＋意見を補足する事例2

STEP-1 ｜ 意見

○○については［　　　］と考える。

STEP-2 ｜ 意見を補足する事例1

［　　］のときに［　　　］ということがあった。

STEP-3 ｜ 意見を補足する事例2

・また、［　　　］のときには［　　　］ということがあった。
・また、［　　　］のときには［　　　］をして失敗したが、［　　　］したことによって成功した。

理由として事例を入れる

　意見を書いたら、その理由を書かなければいけません。意見と理由はセットです。必ず理由を入れる癖をつけるようにしましょう。

　その理由部分に事例を入れるのがこの型です。事例としては個人の体験や有名人のエピソードなどが使えます。つまり「私がこういう意見を持つようになった理由は、○○という体験をしたからです」と文章を展開していくのです。

この型が使えるのは？

- SNS ■サイト記事 ■小論文 ■企画書 ■メール
- 書籍の原稿 ■エッセー ■セールスレター

要約して簡潔にまとめる

　事例やエピソードを書くときのポイントは、要約して簡潔にまとめることです。要約するには、要点をつかむ必要があります。そのためには、読者が求めている情報が何なのかを知らなければいけません。この型は、意見の理由として事例やエピソードを使うわけですから、要点はズバリ「理由」です。理由となる部分を簡潔にまとめて書きましょう。

SAMPLE 1

STEP-1 ｜ 意見

価格はお客の感情が決めるものだ。

STEP-2 ｜ 意見を補足する事例1

　私の友人のカウンセラーは以前1時間1000円でカウンセリングしていた。生活費も稼げない状況だった。
「もちろん、2万円くらいは欲しいですけど、それじゃお客が来ないですから」と友人は言う。この友人は価格だけに注目していたため、自分のお客の感情にフォーカスしていなかった。お客から目をそらしてビジネスがうまくいくわけがないのだ。
　私は、その友人に顧客のプロフィールを提出してもらった。共通項は、主婦であること、離婚を考えているが経済的に自立できるかどうか悩んでいることだった。そこで「経済的に自立して自由になりませんか？」という感情に訴えるメッセージを発信して

もらった。**すると、2万円のカウンセリングに数件予約が入った。**

STEP-3 | 意見を補足する事例2

知人のカイロプラクティック治療院の待合室に「カイロプラクティックとは？」というポスターが貼ってあった。カイロプラクティックがどういうものかを説明するばかりで、お客様の感情は無視していた。**ところが、腰痛や肩こりなど、お客様の痛みからくる感情にフォーカスすると来院数が3倍になった。**

SAMPLE 2

STEP-1 | 意見

ニッチすぎる市場を狙ってはいけません。競合他社がいないブルーオーシャンで勝負すれば一人勝ちできると勘違いしているのです。

STEP-2 | 意見を補足する事例1

私の友人に、下町にフレンチレストランを開業して失敗した人がいます。彼は「高級住宅街は競合が多いけど、庶民的な街で開業したら一人勝ちできる」と言っていました。

たしかに、下町にはフレンチレストランは1軒もありませんでした。しかし、高級なフレンチを求める下町の住人もいませんでした。それで、**彼はわずか半年で店を閉めてしまいました。**

STEP-3 | 意見を補足する事例2

もう1人の友人は、ラーメン激戦区であえてラーメン屋を開業しました。彼は地域のすべての店を調査しました。こってりしたスープが自慢の店や、厚切りチャーシューの店など、体に悪そうなラーメンばかりでした。そこで、彼は、**健康志向のお客向けに「薬**

膳ラーメン」を提案したのです。これが当たって大繁盛店になりました。

STEPの解説

STEP-1 | 意見

例文1のように筆者の意見を書いたら、必ずSTEP2で、その意見を解説するようにしましょう。「価格はお客の感情が決めるものだ」といっても、それがどういうことなのか読者にはわかりません。中学生でもわかるように平易に書いていきましょう。

新聞社を経営していた福沢諭吉の言葉です。「読者はサルだと思え。サルでもわかる文章を書くのだ」

STEP-2 | 意見を補足する事例1

例文1では「価格はお客の感情が決めるものだ」という意見の理由を事例で説明しています。多くの起業家は原価がこれくらいかかったので、利益をのせてこれくらいの価格に設定しなければいけないと考えます。しかし、それでは売れないのです。

なぜ、売れないのか？　なぜ「価格はお客の感情が決めるものだ」という意見を持つようになったのか、理屈や能書きで説明するよりも、事例を書いたほうがストレートに読者に伝わります。

STEP-3 | 意見を補足する事例2

例文2では、マイナスの事例とプラスの事例を紹介しています。このように、マイナスとプラスの両面の事例を書くことで、なぜ「ニッチすぎる市場を狙ってはいけない」のか、より深く理解できるのです。

15 人物のキャラクターをわかりやすく伝える文章の型

性格＋性格を端的に示す事例1
＋性格を端的に示す事例2

STEP-1 ｜ 性格

○○は［　　　］な性格だ。

STEP-2 ｜ 性格を端的に示す事例1

○○は子どものときに［　　　］をしたエピソードが残っている。

STEP-3 ｜ 性格を端的に示す事例2

さらに、○○は［　　　］という行為までしている。

人物で一番知りたい要素は性格

　人物を紹介するとき、もっとも重要な要素は性格です。性格というのは言葉を替えると「人間性」ともいえます。どんな人間なのか、読者はその人物の名前や学歴や職業も知りたいでしょうけれど、一番は性格と考えていいでしょう。

性格に合った事例を書くこと

　性格を一言で表現するのは困難です。人間にはいろんな側面があるからです。嫉妬深い面もあれば、傲慢な面や不真面目な面、生意気な面などさまざまでしょう。

この型が使えるのは？

- SNS
- サイト記事
- メール
- 書籍の原稿
- エッセー
- 小説
- セールスレター

　すべての面を紹介することはできません。ですから、その人物を端的に表現する性格の1つにフォーカスしてみましょう。

　そして、その性格に合った、性格の輪郭がより浮かび上がるような事例やエピソードを書いていきます。性格を伝えるときに的はずれな事例を用いる人が多いので注意しましょう。

SAMPLE 1

STEP-1 | 性格

親譲りの無鉄砲で小供の時から損ばかりしている。

STEP-2 | 性格を端的に示す事例1

小学校に居る時分学校の二階から飛び降りて一週間ほど腰を抜ぬかした事がある。 なぜそんな無闇をしたと聞く人があるかも知れぬ。別段深い理由でもない。新築の二階から首を出していたら、同級生の一人が冗談に、いくら威張っても、そこから飛び降りる事は出来まい。弱虫やーい。と囃(はや)したからである。小使に負ぶさって帰って来た時、おやじが大きな眼をして二階ぐらいから飛び降りて腰を抜かす奴があるかと云ったから、この次は抜かさずに飛んで見せますと答えた。

STEP-3 | 性格を端的に示す事例2

　親類のものから西洋製のナイフをもらってきれいな刃を日に翳(かざ)して、友だちに見せていたら、一人が光る事は光るが切れそうもないといった。切れぬ事があるか、何でも切ってみせると受け合っ

た。そんなら君の指を切ってみろと注文したから、**何だ指ぐらいこの通りだと右の手の親指の甲をはすに切り込こんだ。**さいわいナイフが小さいのと、親指の骨が堅かったので、いまだに親指は手についている。しかし、きずあとは死ぬまで消えぬ。

SAMPLE 2

STEP-1 | 性格

ボクはひどく甘やかされて育ちました。子ども3人の末っ子でしたし、2番目の兄とは10歳も離れていましたから、喧嘩(けんか)などしませんでした。上の姉は、美人で優しくボクを可愛がってくれました。

STEP-2 | 性格を端的に示す事例1

小学校1年生のときのことです。5年生や6年生の女子たちが、放課後になるとボクの教室にやってきて、ボクの顔を眺めるのです。そして「キャー！　可愛い」という女子たちの声が聞こえてきます。手紙やお菓子などもよくもらいました。

ボクはその手紙やお菓子を何のてらいもなく受け取っていました。そして、お返ししたことなど一度もありません。

STEP-3 | 性格を端的に示す事例2

母は食事のとき焼き魚の骨を取ってくれました。父や姉や兄の魚の身を取ってボクの皿に盛り、残った魚を父や姉や兄の皿に戻すのです。

それでも誰も文句を言いません。ボクがおいしそうに食べるのを家族は箸(はし)を止めて微笑みながら見ていました。

STEPの解説

STEP-1 | 性格

「無鉄砲」や「甘ったれ」というのも性格です。他にもこんなのがあります。引っ込み思案・見栄っ張り・うぬぼれ屋・意気地なし・いたずら好き・大人っぽい・共感力が高い・協調性が高い・正義感が強い・責任感が強い・面倒見がいい・規律正しい・自己中心的・好奇心旺盛・お人よし・愛情深い・執念深い・迷信深い・冒険好き・優柔不断・生真面目・気難しい・いい加減・わがまま・型破り・哲学的・心配性・小心者・積極的・天才肌・無気力・無神経・無責任・怠け者・野心家・自信家・理想家・分析家・浪費家・生意気・気分屋・けち・傲慢・臆病・頑固・幼稚・冷淡・温和・勤勉・賢明・謙虚・慎重・従順

STEP-2,3 | 性格を端的に示す事例1,2

例文1は、夏目漱石の小説『坊ちゃん』の冒頭部分からの引用です。無鉄砲なエピソードがコミカルに描いてあります。このように普通ではない事例があると物語が面白くなります。

例文2は、周囲から「可愛い」と言われた事例や、焼き魚の骨を母親が取ってくれた事例などで、甘やかされて育ったことを表現しています。

事例があると人物の性格や人間性が伝わりやすくなるのです。

コラム　自分の意見や考えを持つ方法

「私、自分の意見や考えがないんです」

私の文章スクールの生徒が、こんなことを言っていました。

「頭が空っぽなんですよ」と、ちょっと悩んでいる感じでした。

私は次のようにアドバイスしました。

「この世に100％オリジナルな意見や考えなどありません。独自の意見だと思ったことでも、どこかで誰かが言っていますから、それは誰かの意見なのです」

だから、世の中にどんな意見があるのかを調べることが大事になります。インターネットのおかげで、他人の意見を調べることが簡単になりました。個人の意見だけでなく、歴史上の人物やタレントの意見も知ることができます。

そして、たくさんの意見の中で、一番自分の考えに近い意見を選ぶわけです。それがあなたの意見になります。

つまり、**自分の意見や考えを持つとは、「選ぶこと」**だったのです。

ただ、意見や考えには浅いとか深いとかがあります。浅い意見か、深い意見かは、理由がポイントです。なぜ、そのような意見を持つようになったのか、その理由が、誰も知らない新情報をもとにしたことなのか、あるいは、筆者の実体験からきたものなのか、それで意見や考えの深さが決まります。

第 4 章

読みはじめたら
止まらない文章の型

　ジェットコースターのように、一気に最後まで読ませる文章があります。「読み始めたら止まらなくなって、200ページもある本を寝るのも忘れて読んでしまいました」と言われるような文章です。

　どうせ書くのなら、そういう文章を書きたいですよね。実は、それにも文章の型があるのです。その型さえ覚えれば、最後まで一気に読ませる文章など楽勝です。

16 不思議と続きを読んでしまう文章の型

超短文＋STEP-1の補足説明＋STEP-2の補足説明

STEP-1 | 超短文

[　　　]は○○だ。

STEP-2 | STEP-1の補足説明

○○なのは△△だからだ。

STEP-3 | STEP-2の補足説明

その△△は□□だった。

最初の1文は超短文にする

　文章の書き出し文や段落の最初の1文をわざと超短文にします。20文字以下です。

　超短文を読むと読者はさまざまな疑問を持ちます。疑問を持つから次が読みたくなります。人間には好奇心がありますから。

　読者が持つ疑問を事前に予測して、それに答える形で補足説明していくのがこの型です。

読者が知りたいことを書く

　多くの人は、どうしても言いたいことや伝えたいことをだらだらと書いてしまいがちです。しかし、言いたいことは超短文で書

この型が使えるのは？

- SNS
- サイト記事
- 書籍の原稿
- エッセー
- 小説

く最初の1文に込めるか、最後に書いてください。

最後まで一気に読ませたいのであれば、自分の言いたいことを書くのではなく、読者が知りたい情報を書いていくことです。

SAMPLE 1

STEP-1 | 超短文

メロスは激怒した。

STEP-2 | STEP1の補足説明

必ず、かの邪智暴虐の王を除かなければならぬと決意した。メロスには政治がわからぬ。**メロスは、村の牧人である。笛を吹き、羊と遊んで暮して来た。けれども邪悪に対しては、人一倍に敏感であった。**きょう未明メロスは村を出発し、野を越え山越え、十里はなれたこのシラクスの市にやって来た。メロスには父も、母も無い。女房も無い。

STEP-3 | STEP2の補足説明

十六の、内気な妹と二人暮しだ。この妹は、村の或る律気な一牧人を、近々、花婿として迎える事になっていた。結婚式も間近かなのである。メロスは、それゆえ、花嫁の衣裳やら祝宴の御馳走やらを買いに、はるばる市にやって来たのだ。先ず、その品々を買い集め、それから都の大路をぶらぶら歩いた。メロスには竹

馬の友があった。セリヌンティウスである。今は此のシラクスの市で、石工をしている。**その友を、これから訪ねてみるつもりなのだ。久しく逢わなかったのだから、訪ねて行くのが楽しみである。**

SAMPLE 2

STEP-1 | 超短文

ボクはうろたえた。

STEP-2 | STEP1の補足説明

朝、目を覚ましたボクは、まずメガネをなくしたことを思い出したのだ。オークリーというブランドのメガネだ。4万6000円。ボクが持っている中では群を抜いて高いメガネだ。去年の誕生日に妻がプレゼントしてくれたものだ。

どこでなくした？　寝起きであることと昨夜の酒が残っているため、頭がうまく回らない。ビールをジョッキで3杯、焼酎を350ミリリットル。20代の頃はなんてことのなかった酒量が44歳のボクにはこたえた。**久しぶりの加藤との飲み会で、つい自制を忘れた。**

STEP-3 | STEP2の補足説明

加藤は気のいい奴だ。大学の同級生で付き合いはもう26年。ボクがサラリーマンを辞めた時も、30歳でプー太郎をしていた時も、お笑い芸人になった時もずっと変わらぬ付き合いをしてくれた。さらに気がいいだけじゃなく、酒の勧め方がとにかく上手い。

STEPの解説

STEP-1 | 超短文

　例文1は太宰治の『走れメロス』の冒頭部分です。主語、述語のみの超短文ではじまっています。

STEP-2 | STEP 1 の補足説明

「メロスは激怒した」と書いてあると、読者はなぜ激怒したのか疑問に思うはずです。さらに、メロスはどんな人物なのか知りたがるはず。だから、次の文でそれを説明していきます。

　例文2では、なぜ「ボク」がうろたえたのか、という疑問が読者の頭に浮かぶはずです。その理由を補足説明していきます。どうやらうろたえている理由がメガネをなくしたことらしいとわかってきます。そこで、新しい疑問が浮かんできます。メガネをどこでなくしたのかということです。

STEP-3 | STEP 2 の補足説明

　例文1の補足説明部分で「メロスには竹馬の友があった」という言葉が出てきます。この友はいったい誰なのかという新たな疑問が生まれてきます。そこで、次の文章ですぐにその答えを補足説明するわけです。

　例文2でも、途中で加藤という人物が登場します。ですから、次の文で加藤はどういう人物なのかを補足説明しているのです。このように前の文を、後の文で補足説明すると、読者は不思議と最後まで読んでしまいます。

17 知識欲を刺激しながら読ませる文章の型

結論＋STEP-1の語句の説明＋STEP-2の語句の説明＋再度結論

STEP-1 ｜ 結論

私は［　　］を○○と考えている。

STEP-2 ｜ STEP1の語句の説明

そもそも○○とは、△△ということである。

STEP-3 ｜ STEP2の語句の説明

- そして△△とは□□のことだ。
- また、○○とは□□のことだ。

STEP-4 ｜ 再度結論

したがって、私は［　　］を○○と考えている。

後の文で語句の説明をする

　結論を先に書いて議論・考察、理由は後に書くという型を先述しましたが（→48ページ）、今回の型と組み合わせて書くことを考えてみてください。前の文に入っている語句を後の文で説明するのがポイントです。

語句の意味を再定義する

　わかりきった語句でも、読者によって異なる解釈やイメージを

第4章　読みはじめたら止まらない文章の型

この型が使えるのは？

- SNS　■サイト記事　■小論文　■企画書　■書籍の原稿
- エッセー　■セールスレター

持っています。たとえば「仕事」という言葉1つとっても、ある人は「生活のために嫌なことでもやらなければいけないこと」と解釈しているかもしれません。「仕事とは周囲を楽にすること」という意味でとらえている人もいるでしょう。

　ですから、筆者が考える言葉の定義を明らかにしておく必要があるのです。

SAMPLE 1

STEP-1 ｜ 結論

　起業する前にやるべきことは市場を調べることです。筋違いの市場に打って出ようものなら、いくら努力しても儲かりません。

STEP-2 ｜ STEP1の語句の説明

　市場規模は「見込み客の数」×「競合者の数」です。見込み客がゼロだったら、そこには市場はありません。競合者がゼロの場合でも、そこには市場がないことを意味します。

　見込み客というのは、問題を抱えている消費者の数です。実は、消費者の抱えている「悩みや問題が市場」なのです。

STEP-3 ｜ STEP2の語句の説明

　競合者とは、同業者とはかぎりません。あなたが離婚専門のカウンセラーだとしたら、弁護士も調査会社や探偵も競合者になるでしょう。

STEP-4 | 再度結論

　儲かっている競合者のHPを見てみてください。そこでのメッセージがどういう悩みや問題にフォーカスしているか、「お客様の声」にどのような人たちが登場しているのかを**調べてみましょう。それが重要な市場調査になります。**

SAMPLE 2

STEP-1 | 結論

**　見込み客の現実を知り、あなたのほうから見込み客に寄っていきましょう。**

STEP-2 | STEP1の語句の説明

**　見込み客の現状を知るとは、見込み客がどんな苦しみから逃れたくて、どんな快楽を求めているのかを聞き出すことです。**

STEP-3 | STEP2の語句の説明

**　見込み客に寄っていくには、2つの意味があります。**
**　1つ目は、見込み客の抱えている悩みにフォーカスすることです。**自分の好きなもの、良いものをつくれば売れると勘違いしている人がいますが、見込み客の抱えている問題を知り、それを解決する商品を提供しなければいけないのです。
**　2つ目は、見込み客が使っている言葉で告知することです。**「起業」というキーワードでも、「独立」「副業」「週末起業」「アントレプレナー」などいくつかの類義語があります。

STEP-4 | 再度結論

**　どの言葉が見込み客の心に刺さるか、見込み客がいつも使っている言葉を調べる必要があるのです。**

STEPの解説

STEP-1 | 結論

　結論は端的に示すようにしましょう。例文のようにマーケティングについて解説する場合、短く説明しようとするとどうしても「市場」「見込み客」といった専門用語を使わざるをえないわけですが、それをSTEP2以降で説明するわけです。

STEP-2 | STEP1の語句の説明

　読者が専門家なら、いちいち語句の説明をする必要はありませんが、一般の人ならば、一つひとつ説明してあげなければいけません。もしも語句の説明をしている段階で専門用語を書いてしまったら、その後の文章でちゃんと説明するようにしましょう。とにかく、わかりづらい表現をしてしまったら、必ずその言葉の説明をすると覚えておくことです。

STEP-3 | STEP2の語句の説明

　例文2のように「2つの意味があります」と前置きして、説明していくと、わかりやすくて読者に伝わりやすくなります。前の文で出てきた語句を、後の文で説明するという型で書かれた文章は、知識欲が刺激され、次を読ませてしまう文章になるのです。

STEP-4 | 再度結論

　最初に書いた結論を読者に思い出してもらうために、最後に再度結論を書きます。クドさを出さないために、最初の結論とは少し表現を変えて説明することがコツです。工夫してみてください。

18 もったいぶることで興味を引き出す文章の型

指示語を使った文 + 指示語を解明した文
+ 事例やエピソード

STEP-1 | 指示語を使った文

・[指示語]をご存じですか？ [指示語]があると、うまくいくんです。
・○○するとき、[指示語]を使うかどうか悩みます。デメリットもありますが、[指示語]があるのとないのとでは、結果が大きく変わります。

STEP-2 | 指示語を解明した文

[指示語]とは、△△のことです。

STEP-3 | 事例やエピソード

△△することによって、□□できることは確かです。

指示語とは？

指示語とは「こそあど言葉」ともいいます。事物だと「これ」「それ」「あれ」「どれ」。場所だと「ここ」「そこ」「あそこ」「どこ」。方向だと「こっち」「そっち」「あっち」「どっち」。人物だと「こいつ」「そいつ」「あいつ」「どいつ」「あの人」「この人」などです。指示語を使って、思わせぶりな文を最初に書くと、読者は好奇心を刺激され、次の文を読んでしまうのです。

第4章　読みはじめたら止まらない文章の型

この型が使えるのは？

- 書き出し　■SNS　■サイト記事　■書籍の原稿
- エッセー　■セールスレター

後の文で事例を語る

　最初の1文で指示語を使い、次の文章でその指示語の内容を解明します。そこで文章を終わらせず、事例やエピソードを使って説明してみてください。事例やエピソードがあると読者に伝わりやすくなります。

　とにかく、「何かあったら事例やエピソードで説明する」と覚えておいてください。

SAMPLE 1

STEP-1 | 指示語を使った文

　起業したばかりの人にはお客様との信頼関係も評判も実績もありません。そういう人たちは、**最初にあれをするといいんです。**

STEP-2 | 指示語を説明した文

　あれというのは「無料お試し」のことです。物品の場合はサンプリングともいいます。

STEP-3 | 事例やエピソード

　たとえば、YouTube専門のCM制作サービスを提供する場合、見込み客から動画や写真を提供してもらって15秒のCMを無料でつくってあげるという提案をすることができます。

　さらに、「無料お試し」から有料の顧客を見つけるには、あれを無料でやってあげるといいでしょう。

あれというのは「CM試写会パーティ」です。CMをつくった見込み客はもちろん、見込み客の取引先や友人たちも招待します。そうすれば、新規の見込み客を獲得できます。その中から、「有料でもいいからつくってほしい」という人が現れるでしょう。

SAMPLE 2

STEP-1 | 指示語を使った文

「無料お試し」をオファーするとき、**あれを入れるかどうか悩むところです**。あれが入っていると、いくら「無料お試し」でも、申し込みが少なくなるのではないでしょうか？

STEP-2 | 指示語を説明した文

　あれというのは「価格」のことです。価格が入っていると売り込まれるのではないかと見込み客が警戒します。
　しかし、価格が書いてあるのに申し込んできた見込み客は、成約する確率が高いといわれています。

STEP-3 | 事例やエピソード

　たとえば、こんな実験をした人がいます。価格を書いたものと、何も書かなかったものとで比較しました。
　結果は、たしかに何も書かなかったほうが申込み数はほんのわずか多かったそうです。**しかし成約率は3倍違いました**。

STEPの解説

STEP-1 | 指示語を使った文

　指示語を使ってじらすと、読者の好奇心は膨れ上がります。も

ちろん、じらさずに指示語がいったい何のことを言っているのかすぐに解明しても問題はありません。

STEP-2 ｜ 指示語を解明した文

「あれというのは○○のことです」と指示語を解明したら、そのことをちゃんと説明しなければいけません。読者は、指示語によって謎かけをされ、その謎が解けたわけですが、頭の中はポカンとしています。そこで、どういう意味なのかちゃんと説明してあげてください。

STEP-3 ｜ 事例やエピソード

ちなみに例文2では「こんな実験」という指示語を使った文を挿入しました。「この人」「この場所」という指示語を使うのもアリです。

とにかく、先に、指示語を使った文を書いて、その後で指示語を解明するという文章の型は、読者の好奇心を刺激しますので、次を読みたくなります。

たとえば「こんな体験をしました」「こんなことがありました」「こんな話を聞きました」「○○さんはこんなことを言っています」「先日、マクドナルドでこんなことを言われました」「こんな人がいました」など、指示語を使った文は工夫次第でいくらでもつくれます。

夏目漱石の『夢十夜』が、まさにこの型で書かれてあります。出だしの「こんな夢を見た」の後、夢の内容が書いてあります。ぜひ、読んでみてください。

19 もったいぶりながら、期待を膨らませる文章の型

指示語を使った予告＋予告した内容＋事例やエピソード

STEP-1 | 指示語を使った予告

[指示語]はまさに目からウロコ！ その全貌（ぜんぼう）を知れば、あなたはきっと[　　　]になるでしょう。

STEP-2 | 予告した内容

[指示語]の全貌とは、[　　　]のことです。

STEP-3 | 事例やエピソード

たとえば、[　　　]ということができるのです。

本編を予告する

　指示語の応用編です。指示語を入れて、これから語る文章がどれほど素晴らしいものなのかを予告します。つまり、「ここにはこんなことが書いてありますよ」と最初に書くわけです。

　出来事について書かれた文章なのか、人物について書かれたものなのか、場所なのか、それを先に書いて予告します。後にその予告した本編が書いてあるわけです。

驚きを表現する

　ポイントは、驚きを表現することです。映画の予告編でも、そ

この型が使えるのは？

- 書き出し ■ SNS ■ サイト記事 ■ 書籍の原稿
- セールスレター

こに驚きの映像がなかったら、誰も本編を観たいと思わないでしょう。

「50年間生きてきて、こんな人物に会ったことがありません」とか、「この出来事に私の友人100人が全員涙しました」といった言い回しです。

SAMPLE 1

STEP-1 | 指示語を使った予告

こんな売り方があるなんて知りませんでした。それはそれはビックリです。この売り方は、100万円とか200万円など、高額商品を売るときに効果的な方法です。あなたもきっと、この売り方を知るとビックリすることでしょう。

STEP-2 | 予告した内容

その方法とは、まず、無料か割安な商品を先に売って、後から高額商品を売ることです。

STEP-3 | 事例やエピソード

たとえば、造園業の場合を考えてみましょう。造園といえばかなり高額になります。チラシ1枚で注文がくるとは思えません。

そこで、まずは「高枝切りバサミ」を廉価で販売します。同業他社が1万円で売っていたら、5000円で高品質なハサミを販売するのです。そうすると、お客は「こんないいものをこんなに安く売ってる会社があるんだ」と信頼してくれます。

「高枝切りバサミ」を購入する人は、間違いなく造園の見込み客ですから、そこで**リストが手に入ります。そして、そのリストをもとに造園の売り込みをすればいい**のです。つまり「集客商品」と「収益商品」を分けて考えることです。

SAMPLE 2

STEP-1 | 指示語を使った予告

私がはじめて**この話を聞いたとき、目のウロコがポロポロポロッと音を立てて落ちていきました。**起業した私は、当初、マーケティングの勉強をしたり、集客のために SNS やブログ記事を一生懸命書いたりしましたが、そんなことよりも、もっと大事なことがあるのを忘れていたのです。

STEP-2 | 予告した内容

それは倍々ゲームでビジネスを加速させる方法です。10 万円の売上げしかなかった人が、翌月には 20 万円になり、その翌々月には 40 万、そして 80 万、160 万と倍々ゲームで急成長する方法です。

それは広告でもなければ、営業でもありません。答えは「実績」です。実績を積み上げて、その実績を告知すれば売上げは伸びていきます。

STEP-3 | 事例やエピソード

自動車メーカーのホンダは創業当時、自動車部品をつくっていました。二輪車に参入したとき、ホンダはバイクの世界選手権で優勝するという実績づくりに注力しました。さらに、自動車ではF1 レースで実績を積んでいったのです。**その実績が販売台数を伸ばし世界が認めた**のです。

STEPの解説

STEP-1 | 指示語を使った予告

　予告する段では、この先、どんな話をするのか、あらましを書いておきます。例文1では「これから高額商品を売る方法を語りますよ。私自身ビックリした売り方なんですよ」と言っています。

　つまり、最初に読者の心をつかむわけです。「つかみはOK！」という文章を工夫してみましょう。

STEP-2 | 予告した内容

　例文2では「倍々ゲーム」という言葉の意味を解説してから、予告したことの答えを書いています。このように、予告部分で説明しておいたほうがいい言葉が出てきたら、必ず、その言葉を説明するようにしましょう。

　説明した後で、予告の答えを書いたほうが、より伝わる文章になります。

STEP-3 | 事例やエピソード

　予告にしても、予告の答えにしても、言葉を換えると「能書き」です。言うなれば、「口ばっかりで実のない話」だということです。もちろん、これがあるから読者は好奇心を刺激され続きを読みたくなるのですが、「実のない話」だと言われないためにも、具体的な事例を書くようにしましょう。

20 人間の脳になじみやすい文章の型

大分類＋中分類＋小分類

STEP-1 ｜ 大分類

［大分類］についてお話ししましょう。

STEP-2 ｜ 中分類

・［大分類］をするには［中分類］をすればいいのです。
・なぜ［大分類］をするかというと、［中分類］だからです。

STEP-3 ｜ 小分類

・［中分類］をするときのポイントは［小分類］です。
・どのように［中分類］をするかというと、たとえば［小分類］です。

人間の脳の特長

　人間の脳は、まず大まかなものを把握しようとします。いきなり各論や詳細な情報が飛び込んできても理解できないのです。私の妻は私のオフィスに飛び込んできて「ねえ、聞いて」と言って、最初から主語も入れずに「赤いスカーフが見えるって言うわけ、もう、ビックリしたのよ」と勢いよく話します。これでは、何がどうビックリなのか、さっぱりわかりません。

第4章　読みはじめたら止まらない文章の型

この型が使えるのは？

- サイト記事　■小論文　■企画書　■メール
- 書籍の原稿　■エッセー　■セールスレター

大分類から先に話す

　私の妻はどんなふうに話せばいいのでしょうか？

　最初に「今日、ビックリしたことが起きたのよ」と大分類を話し、次に中分類となることを話すべきなのです。「チャネラーの洋子さんが、私の顔を見て赤いスカーフが見えるって言うのよ」。そして小分類として「誕生日にあなたから、赤いスカーフをプレゼントしてもらったでしょ」と話せば、私も一緒にビックリしたはずです。

SAMPLE

STEP-1 ｜ 大分類

　同業者に喜ばれながら顧客を獲得する方法があります。あなたの同業者にどんな提案をすればいいのかを考えてみましょう。

　たとえば、あなたはカウンセラー学校を経営しているとしましょう。インターネットを検索すればカウンセラー学校の同業者はいっぱい出てきます。各種セラピストの養成講座やスクールなども同業者だといえるでしょう。

STEP-2 ｜ 中分類

　同業者の顧客は、あなたの見込み客です。その見込み客にアプローチすれば、何人かは顧客になってくれるはずです。

　ポイントは同業者に喜んでもらうことです。「私もカウンセラー学校をやってるんですけど、見込み客を紹介してもらえません

か?」と言っても、教えてもらえませんよね。

これは、そんな方法ではありません。

STEP-3 | 小分類

　もしも、あなたが「精神安定効果のあるメディカル・ハーブティを販売しているんですけど」と同業者に言ったらどうでしょうか。「御社のお客様に5割引きで提供させていただきますので、案内チラシを送らせてもらえませんか」と提案すればいいのです。**相手の名簿だけ借りてDMの制作費や郵送料もあなたが負担してあげれば、承諾する同業者はいるはず**です。

STEPの解説

STEP-1 | 大分類

　読者は、最初に主たる大きな考えを受けとります。その後に、その大きな考えを構成する小さな考えを受けとります。ですから、そのように並べてあげなければいけません。

　ここでは主たる大きな考えを「大分類」と表現しています。例文では、「同業者に喜ばれながら顧客が獲得できる方法があります」を書いておきながら、その方法はSTEP 1の部分では書いてありません。最初は大局に立った大まかなことを書くわけです。

STEP-2 | 中分類

　例文では、大分類で「方法がある」と言っています。そして、中分類では「同業者の顧客はあなたの見込み客である」と語り、しかし、「それは、同業者に見込み客を紹介してくれとアプローチする方法ではない」と語っています。そのことで、どんな方法

なのか、ヒントを与えているのです。

ヒントがわかることで、読者は理解が深まります。そして、小分類の段落で、具体的な事例を出せば、スムーズに理解し、伝わる文章になるのです。

下記のイメージを持っておくといいかもしれません。

哺乳類（大分類）➡　人間（中分類）➡　高橋フミアキ（小分類）

STEP-3 ｜ 小分類

例文では、STEP 3「小分類」で具体的な方法が明かされます。大中小と STEP を踏むにつれて、文章をより具体的に書いていくものだと覚えておいてください。

筆者のメッセージが大分類になり、その理由（Why）が中分類、そして事例（How）が小分類になっています。つまり、この文章は下記の構図になっているのです。

メッセージ（大分類）➡　Why（中分類）➡ How（小分類）

やってみよう

この型には、他にもいろんな構図が考えられます。例を参考にして、自分なりに考えてみてください。

例1　会社の方針（大分類）➡私が所属する部署の取り組み（中分類）➡私の実践したこと（小分類）

例2　世界の経済情勢（大分類）➡日本の景気動向（中分類）➡家計の現状（小分類）

例3　漠然とした不安（大分類）➡将来に対する不安（中分類）➡夜ベッドの上でジワリと襲ってくる不安（小分類）

コラム | **決まった言い回しの型を覚えておこう!**

　文章には決まった言い回しの型があります。その型を覚えておけば、いろんなシーンで使えます。思考も整理できますので、便利です。

　私がよく使う型を3つ紹介します。

① **「たしかに……だろう。しかし〇〇〇」の型**

　たしかに、起業することは恐怖と不安がつきまとう**だろう。しかし、**恐怖と不安を乗り越えた先には、広々とした自由の天地があるのだ。

② **「たとえ……となっても、絶対に〇〇〇しない」の型**

　たとえどんなことが起きても、**絶対に**逃げだしたりは**しない**。

③ **「……をして、〇〇〇と言わしめた△△△」の型**

　明治の文豪・夏目漱石**をして、**今世紀最大の天才**と言わしめた**芥川龍之介という小説家。

第 5 章

長い文章でも
スラスラ書ける型

　長い文章といっても、本を1冊書くくらいの長い文章ではありません。以前、SEO対策の専門家が、「HPやブログでは読みやすい文章で読者を引きつけ、滞在時間を長くする必要があります。そのためには、せめて2000〜3000文字必要だ」と語っていましたが、原稿用紙に換算して5〜7枚くらいをイメージすればいいでしょう。

　それでも、「そんな長い文章、書けないよ」と思う人もいるでしょう。でも、大丈夫です。本章でお伝えする型を覚えれば、スラスラと書けるようになります。

21 長くても書きやすく、かつ読者を飽きさせない文章の型

メッセージ＋エピソード1～4

STEP-1 | メッセージ

・[　　　]をしましょう。
・[　　　]をやめてください。

STEP-2 | エピソード1

○○のときは[　　　]でした。

STEP-3 | エピソード2

そして、△△のときは[　　　]でした。

STEP-4 | エピソード3

また、□□のときは[　　　]でした。

STEP-5 | エピソード4

さらに、××のときは[　　　]だったのです。つまり、[　　　]が大切ということです。

メッセージは「呼びかけ」や「お願い」に

　この型の場合、メッセージは「呼びかけ」や「お願い」が適切でしょう。「○○しましょう」とか「△△してください」といったメッセージです。

第5章　長い文章でもスラスラ書ける型

この型が使えるのは？

- サイト記事　■ メール　■ 書籍の原稿　■ エッセー
- セールスレター

エピソードを増やせばいい

　メッセージに合致したエピソードを語っていきます。今回は4つのエピソードを書く型ですが、書くスペースがあるのであれば、5つでも、6つでも、エピソードを増やせばいいのです。つまり、この型を使えば、いくらでも長い文章が書けます。

SAMPLE

STEP-1 | メッセージ

　商品に固執するのは、やめてください。自分のつくった商品にこだわりすぎると、お客様のニーズが見えなくなります。そもそも、お客様はあなたの商品など欲しくないのです。

　お客様は、今自分が抱えている問題が解決できるのであれば、何でもいいのです。

　ですから、自分の商品はいったん忘れて、お客様の問題解決にフォーカスしてみてください。

STEP-2 | エピソード1

　私の知り合いに整体院を経営している人がいます。「オレの技術は最高だから、ほっといても口コミでお客は来るんだ」と豪語していました。玄関の看板には「〇〇整体院」とあるだけです。チラシも割引券も配っていません。これでは、整体にどんな効果があるのかわからないし、どんなときに行けばいいのかもわかりません。だから、お客はちっとも来ませんでした。

今では、自宅を引き払い、整体院で寝泊まりしながら、夜のバイトをしているそうです。整体院を維持するために方々（ほうぼう）で借金もしていると聞きます。

STEP-3 | エピソード2

　もう1つ失敗例を紹介します。
　サプリメントをネットで販売している人が、私に「商品説明の文章を見てくれ」と言ってきたことがあります。 見てみると、ビタミンやらミネラルやらの名前が書いてあるだけで、その効果効能については「健康サポート」としか記されていませんでした。
　何にどう効くのかもっと書いたほうがいいですよとアドバイスしたのですが「医薬品じゃないから書けないんだよ」ということでした。その後、売上げがどんどん落ちたそうです。

STEP-4 | エピソード3

　会計事務所のキャッチコピーを考えたことがあります。 起業したばかりの個人事業主が何で悩んでいるかをリサーチし、「面倒くさい金銭面の雑務を全部引き受ける、個人事業主専門の会計事務所です」というキャッチコピーをつくりました。
　すると、HPだけで新規のお客が毎月5社は来るようになったといいます。今では、10人も社員を雇うほどになりました。

STEP-5 | エピソード4

　お客の悩みにフォーカスして大ヒットした商品があります。「コンドロイチン＋グルコサミン」です。テレビCMでも「グルグルグルグルコサミン」の歌で膝痛（しっつう）に悩む人に訴求しました。商品ではなく、お客様の問題解決にフォーカスした好例です。

STEP の解説

STEP-1 ｜ メッセージ

　メッセージは「呼びかけ」や「お願い」にしますが、言い回しは「……しませんか？」とか「……するといいかもしれません」とか、いろいろと工夫してバリエーションを考えてみてください。

STEP-2 ｜ エピソード1

　エピソードはメッセージとリンクしていなければいけません。メッセージとそぐわないエピソードを書かないように気をつけましょう。最初のエピソードは、例文のように失敗例がおすすめ。失敗例やマイナスの話を読むと読者は身につまされますから。

STEP-3 ｜ エピソード2

　具体的なエピソードが重要になります。リアリティのある実際の出来事には説得力がありますし迫力もあります。STEP 1のメッセージを補足するエピソードをたくさん集めて書けば、いくらでも長い文章が書けます。

STEP-4 ｜ エピソード3

　例文ではエピソード1と2で失敗例を書いたので、エピソード3と4は成功例にしました。こうしたバランス感覚を持つと読みやすくなります。マイナスとプラスを対比させるのも効果的です。

STEP-5 ｜ エピソード4

　最後に「お客様の問題解決にフォーカスした好例です」など総括的な言葉を入れるとまとまりやすくなります。

22 読者がハラハラしながら読み進めてしまう文章の型

目標＋障害1＋障害2＋葛藤＋結論

STEP-1 | 目標

私は［　　　］したいと考えている。

STEP-2 | 障害1

ところが、［　　　］ということがありました。

STEP-3 | 障害2

また、［　　　］したのですが、うまくいきませんでした。

STEP-4 | 葛藤

そこで私は悩みました。やめるべきか、がんばって続けるべきか……。

STEP-5 | 結論

結果として、私は［　　　］ができるようになったのです。

目標に対する障害がハラハラさせる

　最初に目標を設定し、その目標に対する障害が次々とやってきたら、読者はハラハラします。大きな障害があるため、なかなか目標に達成しないことがポイントです。

この型が使えるのは？

- サイト記事
- 書籍の原稿
- エッセー
- 小説
- セールスレター

障害を増やせば長文が書ける

今回は障害となるものを2つしか入れていませんが、これを3つも4つも書いていけば、いくらでも長文が書けます。

要は、じらすわけです。読者は、最初に設定してある目標が達成するのかしないのか、ハラハラしながら読み進めていきます。

SAMPLE

STEP-1 | 目標

私は文章スクールを運営するかたわらで、ヒプノセラピーサロンを経営しています。当初は、文章スクールの生徒たちが物珍しさでセッションを受けてくれました。文章を書くことに苦手意識のあった人がメキメキと上達したり、セッション後に2億円の不動産資産を手に入れた男性や、生涯のパートナーと出会った60代の女性が出るなど、さまざま奇跡が起きたのです。

そこで私は、**このサロン経営を、何としても軌道に乗せようと決意した**のです。

STEP-2 | 障害1

ヒプノセラピーというのは日本語に訳すと「催眠療法」です。**周囲のほとんどの人が「催眠」と聞いて、すぐに「怪しい」と言いました。**飲み会の席で「怪しいなぁ」と大声で言われたこともあります。ネット上で「高橋フミアキ=怪しい」と書き込まれたこともありました。

STEP-3 | 障害2

メールマガジンでセッションの案内を送りましたが、反応はゼロでした。文章スクールのメルマガですから当然です。

FacebookやブログでNo料のグループセッションを告知してみましたが、反応は芳(かんば)しくありませんでした。結局、知り合いが数人集まってくれただけです。

STEP-4 | 葛藤

私は、悩みました。このままヒプノセラピーを続けていいのだろうか？ 本業は文章を教えることと著作を出版することではないのか？

かといって、ヒプノセラピーを捨てることはできません。前妻が亡くなって落ち込んだとき、私を立ち上がらせてくれたのはヒプノセラピーでした。「このまま死んでもいいや」と思っていた私を救ってくれたのがヒプノセラピーなのです。

こんな素晴らしいセラピーを埋もれさせてなるものか！ 世界中にヒプノセラピーを広めてやる！

そんな闘志がメラメラと燃えてきました。

STEP-5 | 結論

その後、ようやく無料モニターの人数が約1000人を超えた頃、ポツリポツリと有料セッションの申し込みがくるようになりました。協力者には「前世を語る人々」というタイトルで動画出演してもらいYouTubeにアップしました。それが100人を超え、徐々にサロンの認知度がが高まり評判になっていきました。

今ではセラピストの養成講座を開き、「人を癒す人」を育成しています。多くの卒業生が個人セッションで稼げるようになっています。

STEP 解説

STEP-1 | 目標

　起業したり、売上げ目標を掲げたりするとわかりやすくなります。個人的な願望や夢を書くのもいいでしょう。

STEP-2 | 障害1

　障害になるのは、たいてい「人」です。誰かに邪魔されたり、反対されたりしたことが障害になります。書くスペースがあったら、反対する人の反対理由も書くようにしましょう。

STEP-3 | 障害2

　失敗したことも障害になります。いろいろ試してみたけど、ことごとくうまくいかなかった、というエピソードを書くと読者はハラハラします。

STEP-4 | 葛藤

　葛藤というのはAかBか、どちらを選べばいいのか迷うことです。「やりたいけどできない」「会いたいけど会えない」と悶々とすることも葛藤です。

STEP-5 | 結論

　最初に設定した目標が、結局、達成できたのか、できなかったのか、最後に明確にしなければいけません。必ずしもハッピーエンドにする必要はありません。「続きは次回に」として終わってもいいのです。

23 長く書くことができ、かつ説得力抜群の文章の型

結論 + 理由1〜3 + まとめ

STEP-1 | 結論

[　　　] ということがあった。

STEP-2 | 理由1

その理由の1つ目は○○だ。

STEP-3 | 理由2

2つ目は△△だ。

STEP-4 | 理由3

そして3つ目は□□だ。

STEP-5 | まとめ

したがって、私は [　　　] と考える。

理由は1つではない

「理由」を忘れずに書いてください。読者は理由を知りたがるからです。どんな出来事や意見も、突き詰めていくといくらでも理由が出てくるものです。その理由が多ければ多いほど、長い文章が書けるのです。

第5章　長い文章でもスラスラ書ける型

この型が使えるのは？

- サイト記事　■ 小論文　■ 企画書　■ メール
- 書籍の原稿　■ エッセー　■ セールスレター

人はつい理由を探りたくなる

テレビで殺人犯が捕まったというニュースを見たとき、視聴者がまず思うのは「なぜ、そんなことしたの？」です。あなたもそうではありませんか？

人間はつい理由を探してしまうものなのです。そして、その理由が書いてあるとスッキリします。

SAMPLE 1

STEP-1 | 結論

私の友人にHPの制作会社を経営している人がいます。彼はもともとプログラマーでした。IT企業を辞めて独立したのです。一時は20人も社員を雇っていました。

ところが、残念なことに10期目が終わる前に倒産してしまいました。 なぜ、彼は失敗してしまったのでしょうか？　理由は3つあると思います。

STEP-2 | 理由1

1つ目は、ライフサイクルを無視していたからです。

商品やサービスには「導入期」「成長期」「成熟期」「衰退期」という4つの段階があります。

導入期は「なんでも屋」が儲けます。昔、HPの制作はIT企業に勤めるプログラマーが片手間につくっていたわけです。そして、HP制作のニーズがあるとわかれば、HP制作の専門会社が

続々と誕生しました。つまり成長期は「専門家」の時代ということです。

成熟期になると、ネットショップ専門の制作会社とか、美容院専門の制作会社などの「特化型」になります。

衰退期は新たな戦略を持った会社が伸びます。今なら、スマホ専用のHP制作会社にするか、新しい市場としてアプリ制作を手がけるなどしなければいけません。

なのに、彼は新しい戦略を何も立てなかったのです。

STEP-3 | 理由2

2つ目は、値下げ競争にはまってしまったからです。

HP制作は安い案件でも作業の工程は一緒です。時間ばかりかかって給料は少ないという泥沼にはまりました。

STEP-4 | 理由3

3つ目は、デザイン力に頼っていたから。

彼は、デザイン力で勝負しようと考えたようですが、デザイン力というのは、一流のデザイナーがいるからこそできることです。そんなデザイナーは大手にスカウトされて一番先に辞めていきました。

STEP-5 | まとめ

倒産しない会社をつくるには、この3つの理由の逆をいけばいいのです。「ライフサイクルをしっかり見極めること」「値下げ競争はしないこと」「スタッフに頼らないこと」

倒産した彼は「いい勉強をした」と言って、再起のチャンスをうかがっています。

SAMPLE 2

STEP-1 | 結論

　私がよく行く焼き鳥屋がある。西新宿の住宅街にあり、最寄り駅の西新宿5丁目駅から遠くて道のりもわかりづらい。立地条件は最悪。

　接客もたいしていいわけじゃない。忙しいと注文を忘れてしまうし、スタッフはブスッとしていて笑顔がない。

　そんな焼き鳥屋が毎晩、満席になっている。**なぜ繁盛しているのか、さっぱりわからない、ホントに不思議な店だと思っていたが、その秘訣が見えてきた。**

STEP-2 | 理由1

　その店のマスターは演劇が好きらしい。

　壁には芝居のフライヤーが貼ってある。マスターは毎月、どこかの芝居を観に行っている。楽屋に差し入れもする。お返しに劇団員たちは、マスターのところへ団体で飲みに来る。

　そうやって、この店はお客（劇団員たち）と強い絆を結び、知らないうちに繁盛店を築いていたのだ。

STEP-3 | 理由2

　価格にも秘密がある。

　繁盛店は「中心価格帯」が存在する。人気メニューを同じような金額に設定しているのだ。そうすることで、お客は自分がいくらお金を使っているか暗算しやすくなるので、安心して注文できる。この店では、210円から280円の商品が大量に出ていた。

　一方、繁盛していない店は、価格帯グラフが平らな台地のような形になる。つまり、価格の選択肢がたくさんあるため暗算がしづらく、注文がストレスになるのだ。

STEP-4 | 理由3

さらに、この店には看板料理があった。

それは特製の親子丼だ。この店にしては少し高めだが、常連客が自慢げに「ここの親子丼は最高だぞ」と新規客にすすめている声が聞こえる。

STEP-5 | まとめ

この店のマスターはマーケティングを勉強しているようには見えない。たまたま話題になっただけだろう。

そうなると、**このマスターは相当の強運の持ち主**だといえる。

STEP 解説

STEP-1 | 結論

ここで言う結論は、問題提起を引き出すための現象（状態）のことです。例文1は、友人の会社が倒産したという現象があり、その理由を次のSTEPで書いています。例文2では、立地条件が最悪なのに繁盛している焼き鳥屋があるという現象を結論にし、次のSTEPでその理由を述べています。ですから、疑問文を入れて、問題提起するようにしてください。

たとえば、「順調にいっていた会社が倒産した」という結論に対して、「なぜ倒産したのでしょうか？」という疑問文を付け加えるわけです。

また、例文1のように結論部分で「理由は3つある」と伝えておけば、理由が書きやすくなりますし、読むほうもスッキリと読めます。

STEP-2,3,4 ｜ 理由 1 ～ 3

　理由を書かなければいけないのに、理由とは違うことを書いてしまう人がいます。たとえば、その店で楽しく飲んだエピソードを書いて終わってしまうパターン。本当に必要なのは、なぜ、その店で楽しく飲めたのかを書かなければいけないのです。
「なるほど、そういう理由があったのか」と読者が感心するような、内容に学びや驚きがある理由を探しましょう。

　ただし、理由が３つある場合は必ずしもすべてが目新しいものである必要はありません。最初の理由にインパクトがあれば、２番目、３番目の理由が読者の想定の範囲内のようなものであっても、興味を持って読み進めてくれます。例文１では商品のライフサイクルというマーケティングの専門的な視点、例文２では演劇という意外なキーワードを最初に入れることで、読者の「理由を知りたい」という欲求を牽引していきます。

　つまり、理由１～３の順番を多少意識するのもコツなのです。読者の関心を引くために、重要度の高いものや意外なものから並べ、それに応じて文章量も多→少と加減していくと、読者は理解しやすく、疲れずに読むことができます。

STEP-5 ｜ まとめ

　STEP１の結論で疑問文を書いていますので、その疑問の答えとなる理由を STEP ５のまとめで要約します。

　これが基本の型ですが、例文２のように「マスターは強運の持ち主だから」と、先に述べた理由とはまったく違う角度からまとめると、余韻の残る終わり方になります。余韻の残る終わり方は、読者に強い印象を与えるので、忘れられない文章になります。

24 読者に答えを考えさせる長文が書ける文章の型

疑問+答え1〜3+まとめ

STEP-1 | 疑問

どんな〔　　　〕があるのだろうか？

STEP-2 | 答え1

1つ目の答えは〇〇だからだ。

STEP-3 | 答え2

2つ目は△△だからだ。

STEP-4 | 答え3

3つ目は□□だからだ。

STEP-5 | まとめ

したがって、私は［　　　］と考える。

答えがたくさん出る疑問文とは？

　この型のポイントは、たくさんの答えが出てきそうな疑問文を考えることです。「日本の総理大臣は誰でしょうか？」と問われたら、答えは1つしかありませんが、「次の総理大臣は誰でしょうか？」という疑問文ならば、答えはたくさん出てきます。

第5章　長い文章でもスラスラ書ける型

この型が使えるのは？

- サイト記事　■小論文　■企画書　■メール
- 書籍の原稿　■エッセー　■セールスレター

できるだけ多くの答えを用意しておく

　答えがたくさんあれば、いくらでも長い文章が書けます。今回は3つしかありませんが、10個も20個も答えを用意することができます。それが長文をスラスラ書くコツです。

SAMPLE 1

STEP-1 ｜ 疑問

年収1億円の人たちには、どんな共通点があるのでしょうか？

　私は長年、年収が1億円を超えている人々と交流してきました。年収1000万円程度の人々はがむしゃらに働くワーカーホリックが多いのに対して、1億円を超える人々は悠々自適でいつ働いているのかわからないような人たちばかりです。

　私が見てきた年収1億円の人々の共通点を3つに集約してお話ししましょう。

STEP-2 ｜ 答え1

　1つ目は、「長期的展望を持っている」ということです。一般人は目先の欲求や快楽を追い求めてお金を使いますが、年収1億円を超える人々は「長期的な利益」のためにお金を使います。「お金は使わなければ回ってこない」とセミナーで言われたことを真に受け、その場の雰囲気に流されてホントに貯金をおろして高額商品を購入してしまう人がいます。その商品が将来役立つものであればいいのですが、単に自己満足や自分へのご褒美であれば、その人は貧乏街道まっしぐらです。

意外かもしれませんが、本当のお金持ちは衝動買いなどしません。欲望に振り回されたりしないのです。欲しいものがあったら、1週間待つと決めているお金持ちもいました。
「たいがい1週間待つと欲求が薄れて、自分には必要のないものだったと気づくんだよ」と笑うのです。

STEP-3 | 答え2

　2つ目は、「ポジティブな言葉を使う」ということです。年収1億円を超える人々は、ネガティブなことは言いませんし、人の悪口も言いません。人のいいところを見つけて、そこを褒めるのです。誰に対しても優しく接するのがお金持ちです。

　お金持ちイコール悪人のようなイメージを持っている人がいますが、お金持ちは善人ばかりです。むしろ、貧乏人のほうに悪人が多いように感じるのは私だけでしょうか。

STEP-4 | 答え3

　3つ目は、「学びを大事にする」ことです。お金持ちは友だちを選ぶときも「学べる友だち」だけを厳選して付き合います。

　お金持ちが人の意見をよく聞くのも、そこから学びを得ようとしているからです。人の悩みにビジネスチャンスを見いだしたり、子どもとの何気ない会話からもアイデアを生み出します。しかも、本を大量に読みます。年間100万円も書籍代に使う人もいるほどです。とにかく、お金持ちは学びに貪欲です。

STEP-5 | まとめ

　したがって、**「長期的展望」「ポジティブ言語」「学び」、この3つを実践していると、ホントにお金持ちになっていきます。**毎日の積み重ねが人生を大きく変えるのです。

STEP 解説

STEP-1 | 疑問

　読者を引きつけるために疑問文は冒頭に書くといいでしょう。さらに、その疑問の背景や言葉の解説なども書き加えてください。

　前節の型で使った疑問文は、理由を問うものでした。今回の型で使う疑問は、理由以外を探ります。たとえば「どんなポイントがあるのでしょうか？」とか、「どんな秘訣があるのでしょうか？」などです。

STEP-2,3,4 | 答え 1 〜 3

　答えの順番についても、読者の関心を引くために前節と同様に重要度の高いものから書き、重要度の低い答えは後に回すと効果的です。最初で読者の心をつかまなければ最後まで読んでもらえないからです。

STEP-5 | まとめ

　まとめは例文のように自分の意見を書くのが基本ですが、少し余談的なことを追記するという文章テクニックを使う手もあります。

　たとえば、「実は、年収1億円の人は○○という興味深い側面もあるのですが、○○については現在リサーチ中のため（紙面の都合上書ききれないため）、別の機会にて解説させていただきます」といった締め方です。

　これは連載記事などで有効です。「あれ？　まだ続きがあるの？」と読者に思わせ、余韻を残すだけでなく、次回への期待も膨らませることができるからです。

25 さまざまな角度から比較し、深く理解させる文章の型

意見＋AとBの比較＋縦軸の比較＋横軸の比較＋まとめ

STEP-1 | 意見

私は [　　] だと考える。

STEP-2 | AとBの比較

Aの場合は [　　] だが、Bの場合は [　　]。どちらがいいだろうか？

STEP-3 | 縦軸の比較（時間など）

昔は [　　] だった。しかし、今は [　　] になっている。

STEP-4 | 横軸の比較（場所・地位・年齢など）

また、アメリカでは [　　] だが、日本では [　　] になっている。

STEP-5 | まとめ

したがって、[　　] すればメリットが得られる。

比較することで認識する

　人間は、比較することで物事を認識し理解します。意見や主張も比較するものがないと認識しづらいのです。AとBに分けて、

この型が使えるのは？

- サイト記事　■ 小論文　■ 企画書　■ メール
- 書籍の原稿　■ エッセー　■ セールスレター

比較する対象を明確にしてください。

縦軸と横軸で比較する

縦軸というのは時間軸のことです。現在と過去を比較するわけです。

横軸というのは、同じ時代の日本と外国を比較したりします。アパレル業界と建設業界を比較するのも横軸といえます。AさんとBさんを比較するも横軸です。

SAMPLE 1

STEP-1 | 意見

何かの達人になりましょう。

その道の達人になることは、仕事にもいい影響を与えます。幸福度も高くなるのです。「幸せな社員は創造性3倍、労働生産性は1.3倍になる」という研究結果もあります。

STEP-2 | AとBの比較

趣味に時間とお金をかけるくらいなら、そのエネルギーを仕事に向けるべきではないのかという意見があります。
仕事以外のことに手を出して、その達人になるという生き方がいいのか、それとも仕事のこと1つに的を絞って専念したほうがいいのか、あなたはどちらがいいと思いますか？

STEP-3 | 縦軸の比較（時間など）

20世紀は答えが見えていた時代です。人口は右肩上がりに増えていましたし、市場も拡大し給料も右肩上がりでした。だから、誰もがいい大学に入り、いい会社に就職し、家を買って結婚するというのが幸せの形だったのです。

21世紀は答えの見えない不確実性の高い時代です。人口は減少していますし、大企業が一夜にして廃業に追い込まれるような時代です。

STEP-4 | 横軸の比較（場所・地位・年齢など）

ホワイト企業の中には趣味や副業を奨励している会社が少なくありません。趣味や副業を奨励すると本業がおろそかになるのではないかと危惧する人もいるでしょう。しかし、ホワイト企業は、会社では得られない経験やスキルを積み、人脈を構築することは会社にも大きな効果をもたらすと考えるのです。

ブラック企業では絶対にあり得ないことです。社員は会社に忠誠を誓った奴隷ですから。

STEP-5 | まとめ

何でもいいのです。**とにかく、その道の達人になることを目標にしてみてください。**あなたの幸福度は数倍もアップします。いずれそれが仕事にも役立つはずです。

SAMPLE 2

STEP-1 | 意見

すべてのことに「ありがとう」と感謝してみてください。あなたは豊かな気持ちになり、やがて現実生活も豊かになります。「感謝の心が高まれば高まるほど、それに正比例して幸福感が高まっ

ていく」とは松下幸之助の名言です。

STEP-2 ｜ AとBの比較

ここに2人の少年がいるとしましょう。あなたは、この2人にお小遣いをあげました。**A君は「ありがとう」と感謝し、お礼に歌を歌ってくれました。ところがB君は「何だ、これだけかよ。ケチ」と言って、ありがとうも言わずに去っていったのです。**

あなたがもう一度、お小遣いをあげたくなるのは、どちらの少年でしょうか？　感謝する者には与えられ、感謝しない者には二度と与えられないのです。

STEP-3 ｜ 縦軸の比較（時間など）

昔、日本人は自然を愛し神々を崇拝し、その恵みに感謝する風習がありました。自然に感謝し、親や恩師に感謝し、ものにまで感謝する心がありました。たとえば、針供養や人形供養、包丁、ハサミ、鏡などを供養したのです。供養とは、感謝の思いを示すことです。

食事の際の「いただきます」は、命あるものをいただくという感謝の気持ちと、その食材を育て、収穫し、食事をつくってくれた人への感謝を意味します。

ところが、**最近では、食事のときに「いただきます」と手を合わせる人が少なくなりました。**

STEP-4 ｜ 横軸の比較（場所・地位・年齢など）

話は変わりますが、成功者には意外なことにマザコンが多いのだそうです。マザコンとは母親に対して強い愛着や執着を持つ状態のことです。

実は、このマザコンにも2つのタイプがあります。**1つは母親**

に甘えた「依存型」。もう1つは母親を幸せにしたいと願う「**自立型**」です。成功者はこの「自立型マザコン」です。母親への感謝の気持ちを強く持っているのが特徴です。

STEP-5 | まとめ

感謝の心を持ちましょう。生んでくれた両親にも感謝、職場の仲間にも感謝、すべてに感謝です。**感謝することは、心を豊かにしてくれます。**

STEPの解説

STEP-1 | 意見

意見や主張を書いた後、その理由も書くようにしましょう。背景や言葉の意味も書いてあるとより伝わる文章になります。

なるべくなら、意見は常識を覆すような意見を書きたいものです。ありきたりで常識的な意見に読者は退屈を感じるからです。

しかし、ありきたりで常識的な意見でも、書き方によっては読者を引きつける文章になります。

例文1は「達人になろう」と呼びかけています。ありきたりな意見ですが、時代性をとらえていることが後の文章でわかるようになっています。

例文2では「すべてに感謝してみてください」とお願いしています。これも、ありきたりで常識的な意見ですが、読んでいくうちに「感謝する」という普遍的な常識がもっともだなと思わせる説得力があります。

つまり、時代性と説得力があれば、ありきたりで常識的な意見も読者を引きつける文章になるのです。

STEP-2 │ AとBの比較

反対の意見を明確にします。例文1では、「仕事以外のことに手を出して達人になる生き方がいいのか?」それとも「仕事一筋に専念したほうがいいのか?」という対立軸を明確に書いています。また、例文2の少年Aと少年Bというふうに、対立意見を人物に象徴させると読者に伝わりやすくなります。

STEP-3 │ 縦軸の比較

時代が変われば環境も現象も大きく変わります。昔と今では時代が違うのだと比較するだけでも、読者の理解がより深くなります。日頃から、昔と今では、何が、どう違うのか、考えてみてください。当然、歴史関係や未来学者の書いた本が参考になります。

STEP-4 │ 横軸の比較

例文1では、ホワイト企業とブラック企業を比較しました。例文2のように「依存型マザコン」と「自立型マザコン」を比較するパターンもあります。人物や概念や状態なども比較しておけば、読者はより深く理解しやすくなります。

STEP-5 │ まとめ

まとめは、STEP1で書いた意見を、言葉を換えてもう一度、最後に書くと締まりがよくなります。長い文章になったら、読者のリマインド効果を狙って筆者のメッセージを3回くらい繰り返してもいいでしょう。

コラム　段落には重要なルールがある！

　段落にはいくつかのルールがあります。段落が変わるときには改行するとか、段落の最初は1字分空けるとか、そういうルールです。中でももっとも重要なルールがこれです。
「1つの段落には、1つのまとまった内容を書く」
　小学校のときに教わったと思うのですが、多くの人は忘れています。そもそも、1つのまとまった内容の文が集まったものが段落ですからごく当たり前のルールです。しかし意外なことに、このルールを無視している人が多いのです。

　書きたい言葉があふれているような頭のいい人が、よくこのミスを犯します。Aの内容を書いている段落にBの文を入れてしまうのです。**Aの内容を書く段落にA'やA"を入れるのならいいのですが、そこにAとは関係のない内容のBが入ると、支離滅裂の読みづらい文章になってしまいます。**くれぐれも気をつけてください。

　たぶん、どうしても書きたい文が頭にあるのでしょう。これはスゴイ文だぞという気負いがあるかもしれません。だから、そのスゴイ文を関係ない場所に無理やり入れてしまうのです。

　構成や型を事前に考えずに、気の向くままに文章を書いていると、同じようなミスを犯すことがあります。

　これは、推敲するときに修正できます。Aの段落以外の場所にA'やA"の文があったら、Aの段落に移動させるだけでスッキリとした読みやすい文章になります。

第 6 章

頭がいい人の論理的な文章の型

　論理的な文章とは、どんな文章でしょうか？　難しい言葉を使った文章のことでしょうか？　専門用語を並べた回りくどい言い方の文章でしょうか？　それは違います。

　論理的な文章とは、筋道を立てて物事を説明したり解明する文章のことです。

　反対に非論理的な文章とは、筋が通っていない、道理に合っていない要素で書かれた文章のことです。

　本章では、論理的な文章はどのようにすれば書けるのかを解説します。これも型を覚え、型に当てはめて書いていけば楽勝です。

26 シンプルに論理的に伝える文章の型

疑問＋仮説＋考察＋結論

STEP-1 ｜ 疑問

○○するにはどうすればいいだろうか？

STEP-2 ｜ 仮説

私は［　　］ではないかと考えている。

STEP-3 ｜ 考察

以前、［　　］ということがあった。また、［　　］という経験から同様の主張する人もいる。

STEP-4 ｜ 結論

つまり、［　　］すべきということだ。

疑問だけでなく仮説も入れる

　論理的な文章の基本の型は、疑問文からはじめます。ポイントは、疑問だけでなく、筆者が考える仮説を書くことです。「その疑問の答えは、おそらく○○ではないでしょうか」というのが仮説です。

　その仮説が正しいかどうかを、次の考察の部分で検証していきます。この仮説も検証もない文章が、非論理的な文章の典型です。

この型が使えるのは？

- サイト記事 ■ 小論文 ■ 企画書 ■ 書籍の原稿
- エッセー ■ セールスレター

言うなれば「答えはこうだ。これに決まってる」という文章が非論理的となります。あなたの文章は論理が破綻していると言われたら、仮説も検証もない文章を書いているということです。

いくつかの手法を使って考察する

考察の部分では、いくつかの手法があります。

1つ目は、過去や他人の事例と比較することです。2つ目は、経験や実験を通して検証することです。3つ目は、過去の論文や他人の意見と比較して仮説が正しいかどうかを検討していきます。

SAMPLE 1

STEP-1 | 疑問

無料サービスを利用するお客をどう扱えばいいか？

無料サービスというのは、デパ地下の食料品売り場の試食コーナーのようなものだ。あるいは、シャンプーのサンプリングやティッシュの無料配布のようなものだ。

無料サービスを楽しむのは、ほとんどがハゲタカのような人で有料の顧客にはならないから、そこに時間と手間をかけてはいけないというマーケッターがいる。

STEP-2 | 仮説

果たしてそうだろうか。**私が立てた仮説は、無料の人こそ大事に扱うべきだという意見**だ。なぜならば、ビジネスとは仕事を通

して一生お付き合いできる友人をつくることだという理念を持っているからだ。

STEP-3 | 考察

アメリカにパッチ・アダムスという医者がいる。パッチは学生時代から金儲け優先の医療に疑問を持ち、愛とユーモアを根底にした医療を目指した。大学を卒業し、無料で医療サービスが受けられる病院を設立したものの、最初から寄付が集まるわけもなく、アルバイトをしながらこの病院を支えた。

まさに、パッチは「損して得とれ」を実践した人だといえる。**パッチをモデルにした映画が話題になり、今では十分すぎるほどの寄付が集まっている。**

私の知人のマーケッターがライフタイムバリュー（LTV）という言葉を教えてくれた。LTVとは、顧客が現在から将来において企業にもたらすであろう利益から割り出される現在価値のこと。**今はさほど購入してくれない顧客でも、生涯を通じて購入してくれれば、トータルで大きな利益となるという考え方**だ。

だからこそ、今は無料サービスしか利用しない人でも、縁を切ってしまうのではなく、長くお付き合いしていく中できっとこちら側に大きな利益をもたらしてくれるはずだと考えるのだ。

STEP-4 | 結論

ただし、無料サービスしか利用しないお客に多くの時間を費やして、大事な既存客をおろそかにしてはいけない。優先順位はあくまでも既存客だ。その次に、無料利用客ということになる。

無料利用客をどう扱うか。**多少の距離はあるが縁は切らない友人として扱うのがいいのではないだろうか。**

SAMPLE 2

STEP-1 | 疑問

人生の善し悪しはどうやって決まるのでしょうか？

中国に「人間万事塞翁が馬」という故事があります。塞翁が飼っていた馬が逃げ出し、近所の人が「可哀想に」と言いましたが「いやいやそのうち福が来る」と塞翁が言うのです。やがて、その馬が駿馬を連れて戻ってきます。

人々が祝うと今度は「これは不幸の元になるだろう」と塞翁は言います。すると塞翁の息子が落馬して足の骨を折ってしまいました。人々が見舞いにくると、塞翁は「これが幸福のタネになる」と言います。

1年後、戦争となり村の若者たちはほとんど戦死しましたが、足を折った息子は兵役を免れたために戦死しなかったのです。

STEP-2 | 仮説

いったい、何が善いことで、何が悪いことなのかわからなくなってきます。**人生の善し悪しは、本人がどう考えるかで決まるということでしょうか。**

STEP-3 | 考察

認知行動学の先生が**こんなこと**を言っています。
「私たちは、自分の外にストレスが存在していて、それが消えてなくなりさえすれば幸せになると考えています。しかし、そのストレスは決してなくなりません。ストレスというのは、起こった出来事や人物を、どうとらえ認知するかで決まります。それがストレスになることもあれば、ストレスにならない場合があります。つまり、ストレスの原因は外にあるのではなく、自分の内側にある考えの癖にあったのです」

STEP-4 | 結 論

　人生の善し悪しは本人がそう考えているだけだということです。どんな出来事があっても善い悪いというジャッジをしないで生きていたらストレスも感じません。ストレスこそが自分を鍛え強くしてくれるのだと考えれば健康にもなります。

　しかし、現実には、どうしてもジャッジしてしまいますし、落ち込むこともあります。どうすればいいのでしょうか？

STEP 解 説

STEP-1 | 疑 問

　最初に「疑問」を提起します。そして、その疑問がどういうものなのかを「解説」します。

　例文1は「無料サービスを使うお客をどう扱えばいいのか？」という問題提起ですが、「無料サービスを使うお客」とはどんな客なのかを説明しておかなければいけません。「ハゲタカのような人」という解説があることで、読者はようやく理解できるのです。

　例文2では、「人生の善し悪しは、どうやって決まるのか？」という疑問が、万事塞翁が馬の故事を読んで浮かんできたことが解説してあります。

STEP-2 | 仮 説

　この型では仮説がもっとも重要になります。なぜならば、以後の文章はすべて仮説が正しいことを立証するための部分だからです。ですから、仮説を考えることに時間をかけてみてください。

適当に仮説を設定してしまうと、文章全体がいいかげんなものになってしまいますので気をつけましょう。

　例文1では、「無料サービスを使うお客こそ大切に扱うべきだ」という仮説を立てました。この仮説には反対意見がたくさん来そうです。その反対意見をくつがえすような実験結果や論文などをSTEP 3の考察で紹介すればいいでしょう。

　例文2は「人生の善し悪しは他人が決めるのではなく、自分で決めるのだ」という仮説を立てました。こうした仮説は、事前に関連書籍などから思索して導き出してください。

STEP-3 ｜ 考 察

　パッチ・アダムスのような有名人の事例があると説得力が増します。例文2のように、専門家の意見を引用するのも有効です。

　どうしても通したい企画書があったり、自分の主張を言い張りたいときは、仮説を補足するエビデンスを恣意的に引用してくるのも手ですが、多用しすぎると信頼を失うので注意しましょう。

STEP-4 ｜ 結 論

　考察した結果、仮説が間違っていたら「間違っていました」と結論づけてかまいません。そのときは、仮説を修正しておくといいでしょう。例文2のように新たな疑問を提起するのもアリです。新たな疑問を提起すれば、いくらでも長い文章が書けます。

やってみよう

次の疑問文に対する仮説を考えてみてください。
　起業した会社の約50％が1年後には倒産すると言われています。なぜ倒産するのでしょうか？

27 演繹法（3段論法）で相手を納得させる文章の型

[A＝B（大前提）である]＋[B＝C（小前提）である]
＋[ゆえにA＝C（結論）である]

STEP-1 ｜ A ＝ B （大前提）である

AとはBのことだ。

STEP-2 ｜ B ＝ C （小前提）である

そしてBとはCともいえる。

STEP-3 ｜ ゆえに A ＝ C （結論）である

つまり、AとはCなのである。

論理的で説得力がある

これは3段論法と呼ばれるライティング技法です。誰もが正しいと思える事実を起点として、妥当な結論を導き出す「演繹法」の一種です。ポイントは誰もが正しいと認めている事実を積み上げていくことです。定理や法則なども使えます。

この型で書かれた文章は論理的で説得力があります。

主張や意見には理由をつける

大前提とは、言葉を換えると筆者の「主張」や「意見」です。くれぐれも、「自分には何の主張や意見もない空っぽなんだ」と卑下しないでください。テレビに出ている評論家たちだって、あ

第6章　頭がいい人の論理的な文章の型

この型が使えるのは？

■ サイト記事　■ 小論文　■ 企画書　■ 書籍の原稿
■ エッセー　■ セールスレター

りきたりなコメントばかり言っているではありませんか。結局は、誰がどんなことを言っているのかを調べて、どの主張や意見をあなたが選ぶかなのです。

　ただし、主張や意見には理由をつけるようにしましょう。

SAMPLE 1

STEP-1 │ A＝B（大前提）である

生き残る会社とは、変化する会社のことだ。

　ダーウィンの進化論の中にこんな名言がある。「もっとも強い者が生き残るのではなく、もっとも賢い者が生き延びるのでもない。唯一生き残るのは、変化できる者である」

　環境は常に変化する。暑かったと思えば寒くなる。ビジネス環境も同様に、昨日まで売れていたものが急に売れなくなる。その変化に適応できなければいくら大企業といえどもつぶれてしまう。いくら優秀な大卒社員を集めたとしても倒産するのだ。

　だから、企業が生き残るには、環境変化に適応して変化しなければいけない。

STEP-2 │ B＝C（小前提）である

変化するには学びが不可欠だ。環境がどのように変化するのか、それに適応するにはどうすればいいのかを学ばなければいけないからだ。

　つまり、変化するには学びが必要なのだ。

STEP-3 | ゆえにA＝C（結論）である

したがって、生き残る会社とは、学び合う会社のことだ。社員一人ひとりが学び変化する会社が最強だといえる。個人においても、生き残るには学んで変化することだ。

SAMPLE 2

STEP-1 | A＝B（大前提）である

一流になるにはエネルギーと時間を1点に集中しなければいけません。エネルギーも時間も限られています。それを分散してしまったら、すべてが中途半端に終わるでしょう。だから、集中することが重要なのです。

STEP-2 | B＝C（小前提）である

不得手や苦手を克服するためには長い時間がかかることを覚悟しなければいけません。いや、いくら時間をかけても高みに行けないでしょう。人間は、不得手なことや苦手なことを嫌なことと認識し、それから逃げようとしますから。それが本能なのです。だから、最初からやろうとしないのです。

一方、強みを伸ばすのはさほど時間はかかりません。強みや得意なことは、人間大好きですからすぐに習得します。**エネルギーと時間をかけるには強みに集中すべき**です。

STEP-3 | ゆえにA＝C（結論）である

したがって、みずからの強みに集中すると一流になれるのです。不得手なことや苦手なことは捨ててもいいのです。そのぶん、強みにエネルギーと時間をかけるのです。

「不得手なことの改善にあまり時間を使ってはならない。自らの強みに集中すべきである」とは、ドラッカーの名言です。

第6章　頭がいい人の論理的な文章の型

STEP解説

STEP-1 ｜ A＝B（大前提）である

もしかすると、何を大前提に持ってくるかで迷うかもしれません。コツは、先に結論を考えておくことです。「生き残る会社とは、学び合う会社のことだ」という結論を導きだすために、どんな小前提があるかを考えます。それから大前提を考えれば、案外簡単に見つかります。

STEP-2 ｜ B＝C（小前提）である

小前提は、大前提と結論の橋渡しになるものです。だから、両者の要素が入っていなければいけません。高橋フミアキは人間だ。人間はみんな死ぬ。したがって高橋フミアキは死ぬというように。

STEP-3 ｜ ゆえにA＝C（結論）である

結論を書くときには「ゆえに」「したがって」「だから」という言葉を使うといいでしょう。もちろん、こうした言葉がなくても大丈夫です。

やってみよう

次の小前提に何が入るか考えてみましょう。

大前提　自己中な人は嫌われる。
小前提　人に嫌われたら［　　　　］になる。
結　論　したがって、自己中な人は孤独だ。

28 帰納法で読者を納得させる文章の型 1

テーゼ（命題）＋アンチテーゼ（反対命題）
＋ジンテーゼ（統合した命題）

STEP-1 ｜ テーゼ（命題）

・Aをしなければならない。
・Aにしたほうがいい。

STEP-2 ｜ アンチテーゼ（反対命題）

しかし、Bというネガティブ要素も発生するのもまた事実だ。

STEP-3 ｜ ジンテーゼ（統合した命題）

そこで、新たにCを行ってはいかがだろうか。

ジンテーゼはアウフヘーベンから導く

　ジンテーゼを導き出すとき、アウフヘーベンすることがポイントです。アウフヘーベンとは「止揚」と訳されます。「止めて揚げる」という意味で、矛盾や対立する2つの概念を解消せずに、あえて受け入れることで1つ上の次元へ引き揚げることです。
　つまり、相反する関係を統合して「より良いものが生まれる」ことをアウフヘーベンといいます。

ヘーゲルの「弁証法」

　これは哲学者ヘーゲルの「弁証法」を文章テクニックに応用し

第6章 頭がいい人の論理的な文章の型

この型が使えるのは？

- サイト記事 ■ 小論文 ■ 企画書 ■ 書籍の原稿
- エッセー ■ セールスレター

た型です。ある主張と、それに矛盾する反対の主張を合わせて、どちらの主張も切り捨てずに、より高いレベルの結論を導くことなのです。

たとえば、「ラーメンが食べたい」という主張がテーゼ。「いや、カレーのほうがいい」という反対意見がアンチテーゼ。「では、カレーラーメンを食べよう」というのがジンテーゼです。

SAMPLE 1

STEP-1 | テーゼ（命題）

消費税を上げなければならない。 なぜならば、少子高齢化により現役世代が激減し、高齢者が増えているからだ。社会保障財源のために所得税や法人税を引き上げると現役世代に負担が集中することになる。税収を確保するには消費税を上げるしかないのだ。

STEP-2 | アンチテーゼ（反対命題）

しかし、消費税が上がると消費が減り景気が悪化する恐れがある。 とくにマンションや家など高額商品の消費が減る。3000万円のマンションを購入する場合、消費税が8％と10％では60万円もの差が出る。さらに、消費税アップは庶民の生活を直撃する。食料品や日用品など必需品が値上がりすると、庶民の生活は苦しくなるばかりだ。

STEP-3 | ジンテーゼ（統合した命題）

そのため、軽減税率制度が導入された。 軽減税率とは、特定の

商品の消費税率を一般的な消費税率より低く設定するルールだ。生活するうえで必須となる食料品などの税率を低くするというものだが、低所得者対策として有効なのか一部懐疑的な見方もある。

SAMPLE 2

STEP-1 | テーゼ（命題）

遅刻常習犯には、待ち合わせ時間を明確に伝えなければいけません。**「集合時間 18 時厳守でお願いします」と具体的な数字をあげて伝えるといい**と思います。

STEP-2 | アンチテーゼ（反対命題）

しかし、明確な時間を伝えても遅刻する人がいます。18 時集合と伝えても、18 時 05 分に来たりするのです。だから、何度もメールや電話で繰り返し伝える必要があります。

STEP-3 | ジンテーゼ（統合した命題）

何度伝えても守らない人には、こうしたらいかがでしょうか？**さらにメールや電話で繰り返し待ち合わせ時間を伝え、遅刻常習犯には集合時間は 17 時 55 分と中途半端な数字を言ってみる**のです。

人間は、中途半端な数字を出されると緊張し、無意識に「その数字には意味があるんだな」と思い込むことがあります。脳に強くインプットする傾向があるのです。

しかも、繰り返し「17 時 55 分集合」と伝えておくと、さらに脳に強く刻み込まれます。もしかすると、これで遅刻癖が直るかもしれません。

STEP 解説

STEP-1 | テーゼ（命題）

どんな主張や意見（命題）にも、必ず矛盾をはらんでいることを忘れないでください。完全な意見などないのです。

STEP-2 | アンチテーゼ（反対命題）

矛盾をついて反対意見を言うのがアンチテーゼです。常識やマスコミを疑い反対意見を言えるように常日頃から考えてみてください。

STEP-3 | ジンテーゼ（統合した命題）

ジンテーゼを書くときの注意があります。最初の意見と、反対意見と、どちらかを選ぶ岐路ですが、重要なのは、どちらも成立させながら新しい解決策を見つけることです。

やってみよう

次のテーゼの反対意見（アンチテーゼ）の理由を考えてみましょう。

テーゼ1　人に迷惑をかけてはいけない。
　　　　➡人に迷惑をかけてもいいんだという理由
テーゼ2　子どもは学校へ行きなさい。
　　　　➡子どもは学校へ行かなくていいという理由
テーゼ3　早く結婚しなさい。
　　　　➡結婚なんかしなくていいという理由

帰納法で読者を納得させる文章の型 2

事実1〜3＋結論

STEP-1 ｜ 事実 1

Aを行ったらBという結果が出た。

STEP-2 ｜ 事実 2

他の人にAを行ってもらったら、またBという結果が出た。

STEP-3 ｜ 事実 3

さらにもう1人にAを行ってもらったら、やはりBだった。

STEP-4 ｜ 結論

つまり、AをするとBになるというわけだ。

事実を積み重ねて法則を見つける

　これは帰納法を使った文章の型です。帰納とは、多くの事実から結論がどのくらい確からしいものかを導く推理といえます。これは「確証性の原理」とも呼ばれ、「法則に関連する観察が増えれば増えるほど、その法則の確からしさは増大する」ということです。

　要するに、いくつかの事実を書いて、そこから法則を導き出すという書き方をするわけです。

この型が使えるのは？

- サイト記事 ■ 小論文 ■ 企画書 ■ 書籍の原稿
- エッセー ■ セールスレター

すぐにメモする習慣を

　この型では、法則性を感じさせるエピソード集めが重要です。エピソードというのは、机の上ではなかなか思い出せないので、法則性を感じたとき、すぐにメモする習慣を身につけておきたいものです。

SAMPLE 1

STEP-1 | 事実1

　A君は29歳。恋愛経験はなし。
「何を話せばいいんでしょうか？」とA君は泣きそうな様子で私に相談をしてきた。私はこんなアドバイスをした。
「相手の女性の瞳の奥を見つめてごらん。ただ、見つめるだけでいい」
　A君は、私の指示通り相手の瞳の奥をじっと見つめた。結果はどうだったのか。
「メールが来ました。また、会いたいって」
　A君は目を輝かせて喜んでいた。

STEP-2 | 事実2

　B君は36歳。話下し手で女性とうまくコミュニケーションがはかれないという。
「大丈夫。黙って、相手の瞳の奥を見つめていればいいから」と私は激励した。

女性は、なぜ瞳の奥を見つめられると恋に落ちるのか？
　人間は瞳を見つめられると、目の前の人の顔を深く潜在意識に刻み込んでしまう。それで、忘れられない存在になるのだ。何度も思い出しているうちに「これって、恋かも」と思う。
B君もこの作戦で大成功だった。

STEP-3 | 事実3

　C君は、40歳。消極的で恋愛経験ゼロ。
　C君は、人と話すときに、つい下を向いてしまう癖がある。だから私は、「人と話すときは、目を見て話すといいよ」と忠告した。練習のかいあって、C君は本番で女性の瞳の奥を見つめることができた。**そして、生まれてはじめての恋愛がはじまった。**

STEP-4 | 結論

　ここに1つの法則が見えてくる。**「女性は瞳の奥を見つめられると恋に落ちる」**。そのときの会話は「ステキなお店ですね」とか、「キレイな月ですね」とか、美しい言葉を使えばいい。もちろん、黙っていてもいい。

SAMPLE 2

STEP-1 | 事実1

　マイケル・デルは、破天荒な人物だ。デルは12歳のとき、流行していた切手蒐集（しゅうしゅう）に目をつけ、切手のカタログをつくり、それを雑誌の広告ページに出して2000ドル稼いだ。先に注文を受けてから切手を探し、お客とダイレクトにやり取りした。誰も思いつかないアイデアだった。
　16歳のとき、ヒューストン・ポスト紙の定期購読の売り込みのバイトをした。そのときデルは、新聞社が用意した電話帳を使

わなかった。地元の裁判所へ行き、結婚許可証を申請した人と住宅ローンを申し込んだ人のリストを手に入れた。このリストにメッセージを送り、独自の販売キャンペーンを展開し、申し込みが殺到したという。

19歳の頃には、たった1000ドルの資金を元手に起業。業界初のコンピュータの受注生産制度を採用したことで会社は急成長、1988年にはNASDAQ上場を果たし、社名を「デル・コンピュータ」とした。

デルのやってきたことは、すべて既存のルールや常識をくつがえすことばかりだった。

STEP-2 │ 事実2

小説『海賊と呼ばれた男』は出光興産の創業者をモデルにした物語だ。九州・門司に「国岡商店」を開き、石油卸売業者として漁船に燃料を売って稼いだ。

販路拡大のためには、本州側の下関の漁師にも燃料を売りたい。だが、協定があるので、門司の業者が下関で商売するわけにはいかなかった。そこで、主人公は、海の上で売ったら文句はないだろうと、海上で燃料を販売した。社員たちを引き連れて海に繰り出す姿を見て、周囲の人々は彼のことを「海賊」と呼んだ。

ルールを破ったわけではないが、**グレーゾーンに乗り出して成功した**のだ。

STEP-3 │ 事実3

以前、トップセールスマンからこんなことを聞いた。

「ダメなセールスマンは、会社の言いなりになって、ルールをきっちり守ることだけが取り柄の真面目な奴だ。トップセールスマンは昼間からサウナへ行く。夕方になっても会社に帰らずにお客の

ところへ行く。そんな奴が成功するんですよ」

　そもそもお客は平日の昼間は会えないのだ。勤務時間を忠実に守っていたら営業などできない。だから昼間サウナで寝て、夜、営業に出向くのだという。

STEP-4 ｜ 結論

　成功する人は、ルールや常識に縛られないということだ。常識にとらわれていたらイノベーションも起こらないし、アイデアも浮かんでこないだろう。

STEP解説

STEP-1 ｜ 事実1

　似たような経験をした人物のエピソードを事実として使います。そこから法則を導き出し結論づけるのです。事実は、自分の体験でもいいし、誰かに聞いた逸話でもいいし、小説のネタでもいい。有名人のエピソードでもかまいません。

　例文1では、恋愛経験のない20代の男性の事例を書きました。たった1件の事実で法則を導き出すのは無理がありますので、数人の事例が必要になるのです。例文2のように実在の有名な人物を事例に書いてもかまいません。

STEP-2 ｜ 事実2

　事実となるエピソードを探すとき重要なのは、最後の結論に結びつくような事実であることです。せっかく見つけたエピソードでも不適当な事実ならば、捨てる勇気を持ちましょう。

　STEP 2では、STEP 1と似たような事実を書きます。例文1

では、STEP 1 で恋愛経験のない 20 代の男性でしたから、STEP 2 では 30 代の男性の事例を書きました。このような同じ恋愛経験のない男性でも、年代を変えたりして、いろんなケースでも成功する法則なのだと明らかにしていきます。

例文 2 では、「既存のルールや常識をくつがえす」ことと「グレーゾーンに乗り出す」ことが似た事実になるわけです。

STEP-3 ｜ 事実 3

事実をたくさん盛り込めば、いくらでも長い文章を書くことができます。法則を導きだすには、最低でも 3 つの事実は欲しいところです。2 つだと、「たまたまそうなったんでしょ」と読者に突っ込みを入れられそうです。

STEP-4 ｜ 結論

複数の事実から共通点を見つけて、結論となる法則を導き出します。それが正攻法ではあるのですが、先に STEP 4 の結論を考えておき、後でそこに繋がりそうな事実と法則を探すという結論ありきの書き方も、ケースとしてよくあります。

やってみよう

次の法則を導き出すための事実を探してみましょう。
　　大企業の創業者は寝食を忘れて働いている。それが楽しくてしようがないのだ。

30 説得力を10倍にする データを使った文章の型

[データ1＋意見1]＋[データ2＋意見2]＋まとめ

STEP-1 | データ1

Aというデータによると、○○する人ほど数値が高かった。

STEP-2 | 意見1

つまり、○○すれば、うまくいくのかもしれない。

STEP-3 | データ2

Bというデータによると、うまくいく人の大半が○○をしていた。

STEP-4 | 意見2

つまり、○○しなければうまくいかないのだ。

STEP-5 | まとめ

したがって、我々は○○しなければならないし、○○することによってうまくいくようになるのだ。

数字には圧倒的な力がある

　数字には圧倒的な力があります。政府機関や学者、有名な大学などの権威あるところの調査したデータ数字があると読者は素直

この型が使えるのは？

- サイト記事　■小論文　■企画書　■書籍の原稿
- エッセー　■セールスレター

に納得します。

たとえ権威がなくても、大学生レベルの調査や、知人の主婦10人へ対するアンケートといったものでも、無いよりはあったほうが説得力が大きく変わってきます。

意見の裏付けとしてデータを使う

証拠や根拠のことをエビデンスといいます。データは、そのエビデンスになるのです。ですから、意見とデータをセットで示すことで説得力が10倍アップします。

SAMPLE 1

STEP-1 | データ1

日本には、年収1億円以上の人が2万501人います**（平成28年国税局統計年報より）**。

年収1億円の人口推移を見てみると2009年が最低で1万1107人でした。そこから7年で2倍近くになっているのです。

職業別では、意外に多いのは株やFXトレーダーです。年収1億円になる可能性が一番高いのがこの人たちだと言われています。あとは、スポーツ選手、医師、弁護士、芸能人、ホストなどです。

STEP-2 | 意見1

お金持ちが増えていることは確かなようです。凡人が、これからいくらがんばったとしても、スポーツ選手や医師、弁護士には

なれませんが、株やFXで儲けることはできます。つまり、誰でも億万長者になれる可能性はあるということです。

ただし、素人が手を出して簡単に儲かる世界ではありません。それには勉強する必要があります。アメリカやイギリスでは小学生に株や投資の勉強をさせていますが、残念ながら日本ではお金の勉強をさせていません。

STEP-3 | データ2

厚生労働省の「国民生活基礎調査」によると、日本の相対的貧困率は15.6％（2015年）。1人親世帯の貧困率は50.8％と半数を超えています。日本の貧困率の高さは国際的に見ると、アメリカに次いでG7中ワースト2位。さらに、1人親世帯ではOECD加盟国35カ国中ワースト1位になっています。

STEP-4 | 意見2

貧困ライン（貧困線）は毎年変わりますが、2015年は122万円でした。このライン以下の収入世帯を貧困と呼んでいます。

貧困を克服するには何が必要なのでしょうか。**生活保護で応急措置をしても抜本的な解決にはならない**と思うのです。

STEP-5 | まとめ

どこか遠い国のお話をしているのではありません。日本はお金持ちが増えている一方で、貧困問題は深刻の度を増しています。この問題を根本から解決するには、何が必要なのでしょうか。

株やFXなどのお金の勉強をすることはもちろんのこと、決してあきらめないことや勇気を持って挑戦することなど、内面の改革が必要なのではないでしょうか。精神革命をうながす教育こそが、唯一の解決策だと思うのです。

第6章　頭がいい人の論理的な文章の型

SAMPLE 2

STEP-1 | データ1

　内閣府経済社会総合研究所「若年層の幸福度に関する調査（2010～2011年）」によると、社会貢献活動に関わっている人の幸福度が一番高いことがわかりました。
「社会貢献に関わりたいけれど、どうしていいかわからない」「余裕がないので今は関わっていない」という人は少し幸福度が下がります。「加わりたいと思わない」人はダントツで幸福度が低かったのです。

STEP-2 | 意見1

　要するに**自分のためだけでなく、人を幸せにするために動くということ**です。

STEP-3 | データ2

　カナダのブリティッシュコロンビア大学（University of British Columbia）の幸せに関する研究結果が、2008年のアメリカの科学誌「サイエンス（Science）」に発表されました。
　そこで行われた実験では、被験者630人に対して、お金を自分のために使ったときと、他人のために使ったとき、どちらのほうが幸福度が高いかを調べました。ここではデータの詳細について割愛しますが、後者のほうが幸福度が高いという結果が出ました。

STEP-4 | 意見2

　「お金を他人のために使うと回りまわって自分のところに帰ってくるよ」と教わってきた人もいると思うのですが「自分は貧乏だから、他人のために使う余裕がない。人のために使えるのは余裕のある人だけだ」と言う人もいます。

STEP-5 ｜ まとめ

しかし、先の調査、研究からわかるように、**人を幸せにすると、自分も幸せになる**ということは確実に言えます。

貧乏だろうが、お金持ちだろうが関係ありません。人を幸せにするために時間とお金を使う人は、自分も幸せになるのです。

STEP 解説

STEP-1 ｜ データ1

データは、どこの機関が調査したのかを明確にしておきましょう。資料から転載した場合は、引用元となる参考文献を明記します。レポートの最後に一覧にして書いてもかまいません。

例文1はお金に関するデータを探していたときに、たまたま面白そうな資料を発見しました。データ1は億万長者が増えていることと、その職業を示したデータです。データ2は日本の貧困率が世界的にみてかなり悪いというデータです。この2つのデータを見たときにちょっとした驚きを覚えました。その驚きを文章にしたのが例文1です。

例文2は、「人を幸せにすると自分も幸せになる」という仮説が先にありました。そして、この仮説を証明するデータを探したのです。このようにデータありきで仮説を導くか、仮説ありきでデータを探すか、2通りのアプローチができます。

STEP-2 ｜ 意見1

データを使ったレポートには、数字だけを書いて終わっているものがあります。データをもとにして自分はどう分析するのか、自分の意見は何なのかを書いてください。

例文1では、紹介したデータでお金持ちの職業が明らかになっていることから、お金持ちになるには専門的な勉強や特殊な才能が必要であると分析しました。

　例文2は「人を幸せにすると自分も幸せになる」という仮説にした意見を明確に書いています。

STEP-3 | データ2

　結論とまったく関係ないデータを持ってきてはいけません。最後のまとめで、どのような結論を書くのか、事前に考えてからデータを探してください。

STEP-4 | 意見2

　STEP4の意見2は、まとめへの橋渡しの役割をになっています。

　例文1のように、「貧困を克服するには何が必要なのでしょうか」と疑問を提示し「生活保護で応急措置をしても抜本的な解決にならない」と筆者の意見を述べています。この文章が、最後のまとめの意見への橋渡しになっているのです。

　例文2でも、最後の「人を幸せにすると、自分も幸せになる」という意見を導き出すための意見になっています。

STEP-5 | まとめ

　最後に、結論となる意見を書いていきます。うわべだけでデータを見ると、平凡な意見で終わってしまいますが、筆者独自の視点でデータを見ると、そこに驚きが出てくることがあります。

コラム　読者が求める情報とは？

　読者はどんな情報を求めているのでしょうか？

　そもそも文章というのは情報の1つです。できるなら読者が求めている情報を提供したいものです。

　それを見つけるには、読者は誰なのかを知らなければいけません。雑誌やWebマガジンなどは、明確に読者プロフィールを考えています。業界ではそれを「ペルソナ」といいます。

　あなたが運営しているブログやFacebook、Twitterなど、読者の「ペルソナ」を考えてみてください。おそらく、ブログとFacebookでは読者が違うはずです。

　たとえば「Soup Stock Tokyo」では「秋野つゆ」という架空の人物を作り上げています。そして「秋野つゆ」が満足するようなスープやサービスを考案してサービスの向上に努めたのです。結果、順調な売上げを収めました。

「『秋野つゆ』の年齢は37歳、性別は女性。都内在住。都心でバリバリ働くキャリアウーマンで独身か共働き。経済的には余裕がある」。そんなふうに、人物をありありと設定します。

「Soup Stock Tokyo」では、このペルソナを商品開発や接客サービスに生かしていったようです。雑誌やWebマガジンでは、ペルソナを考案し鮮明な読者像を作ることで、カメラマンやライターや編集者たちに「こういう人が読者だから、よろしくね」と指示するわけです。

　そうすると、カメラマンは37歳の独身、あるいは共働きの女性を想定して高級感のあるオシャレな雰囲気の写真を撮ろうと考えます。

　ライターも、文体は「ですます調」にしたほうがいいだろうとか、キャリアウーマンならではの悩みや夢に訴えるような内

容を書こうと思うのです。

ペルソナの作り方
①あなたのブログの読者を1人ピックアップしてみましょう。よく知っている知り合いのほうがいいかもしれません。
②その人のプロフィールをできるだけ具体的に書き出してみましょう。
③その人の願望、夢、悩み、不満、フラストレーションを考えます。

　願望、夢、悩み、不満、フラストレーションを解決するような文章が読者の求める情報になります。
　たとえば、先ほどの「秋野つゆ」をペルソナとして、「休日、何の予定もないし退屈なんだよな」という悩みがあったとしましょう。「秋野つゆ」さんは都内に住んでいますので都内のイベント情報や女性が1人で行けるバーを紹介すると喜ぶかもしれません。また独身だと想定し場合は、ステキな出会いを予感させるような要素が情報に入っていたら食いついて読んでくれるかもしれません。
　ペルソナを考えて読者像を明確にしておくと、文章を書くときに役立つことが理解できたでしょうか。

第 7 章

感情を揺さぶる感動ストーリーの型

　小説やエッセーを読んで感動した経験はありませんか？
　ちょっとした短い文章でも涙を流すほど感動することがあります。そんな読書体験をした人もいるのではないでしょうか。読者を感動させる文章にも型があるのです。
　しかし、個人的にものすごく感動したことでも、それを他人に話しても共感してもらえないことがあります。これは、その話が型から外れていたためです。一方、日常のちょっとした変化でも、型を意識することで読者を感動させることができます。
　感情を揺さぶる文章とはどんなものなのでしょうか？

31 読者が溜飲を下げる成功物語の文章の型

マイナスからのスタート＋失敗の連続＋出会いと学び＋小さな成功＋大きな成功

STEP-1 ｜ マイナスからのスタート

[　　　]に挑戦するものの、評価はあいかわらず低かった。

STEP-2 ｜ 失敗の連続

そんな自分を変えようと、[　　　]などに挑戦したが、ことごとく失敗した。

STEP-3 ｜ 出会いと学び

しかし、[　　　]に行ったときのこと。私は状況を改善するヒントを、そこに見つけた。

STEP-4 ｜ 小さな成功

家に帰って早速試してみた。すると、こんな簡単なことで解決した。

STEP-5 ｜ 大きな成功

それを他の人と共有したところ、一気に評判になり、業界でも一目置かれるようになった。

第7章 感情を揺さぶる感動ストーリーの型

この型が使えるのは？

- SNS ■サイト記事 ■書籍の原稿 ■エッセー
- 小説 ■セールスレター

シンデレラ・プロット

私はこの型を「シンデレラ・プロット」と呼んでいます。シンデレラ・プロットは万人の心をとらえ感動させます。大ヒットした小説や映画は、このプロットで書かれているものが少なくありません。

成功物語が描かれた自己啓発系のビジネス書においても王道の型です。「ニートだった僕でも年収1億円になれた理由」のような見出しやタイトルを見ただけでシンデレラ・プロットで書かれているんだなと想像できます。

あなたもぜひ、この型を使って物語を書いてみてください。

情報の取捨選択と順番

情報の取捨選択と順番がポイントとなります。この型に合った情報を書き込み、合っていない情報は捨てなければいけません。そして、この型の順番通りに書いていくのです。感動する文章はこのように構成されているのです。

SAMPLE 1

STEP-1 | マイナスからのスタート

終戦直後の大阪・梅田の闇市でラーメン屋台に並ぶ行列を見て、彼は「家でもラーメンが手軽に食べられるようにしたい」と思い、開発に取り組んだ。

しかし、彼は無一文。ラーメン開発に取り組んだとき、理事長

になっていた信用組合が破綻したのだ。前途多難が予想できた。

STEP-2 | 失敗の連続

次の5つの要件を満たすことを彼は探求した。①おいしくて飽きがこない、②保存性がある、③調理に手間がかからない、④安価である、⑤安全で衛生的である。

開発の過程は失敗の連続だった。

おいしいラーメンがつくれても、それをどうやって保存すればいいのかがわからなかった。1年たっても解決策は見つからなかった。

STEP-3 | 出会いと学び

ある日、彼は天ぷら店へ入る。そこで、天ぷらが揚がっていくさまを観察した。麺を揚げたらどうだろうか。

揚げた麺に熱湯を注ぐと、その穴からお湯が吸収され麺が元通りになることに彼は気づいた。これならば長期保存ができて、なおかつ調理も簡単だ。

そして、お湯を注ぐだけでラーメンができる即席ラーメンが完成した。

STEP-4 | 小さな成功

そして、**「瞬間油熱乾燥法」という製法を開発し、特許を取得した。**インスタントラーメンの開発は完了し、発売したチキンラーメンの需要は爆発した。

STEP-5 | 大きな成功

その後、アメリカに視察したときのことだ。アメリカ人が「チキンラーメン」をカップに入れて熱湯を注ぎ、フォークで食べて

いた。これがカップ麺開発のきっかけとなった。

完成したカップ麺は生産が追いつかなくなるほどの売り行きをみせ、全世界で爆発的な大人気商品となった。

SAMPLE 2

STEP-1 | マイナスからのスタート

私は、小さい頃から貧乏性でした。**「ウチにはお金がないんだからね」と母親に言われて欲しいものを我慢する体質ができてしまったようです。**

高校生のときにはじめてデートしました。映画代も喫茶店代も彼女に出してもらいました。その後、彼女とは別れました。私がお金を払わなかったことが原因でした。

私は決意しました。「絶対にお金持ちになってやる！」

STEP-2 | 失敗の連続

勉強の虫になりました。いい大学へ入り、いい会社に就職すればお金持ちになれると思い、競争の世界へ突入したのです。10倍もする競争率の大学へ入り、5次面接まで勝ち残って広告代理店に就職しました。しかし、たどり着いたところでも、また、競争です。ヘトヘトになり、神経をすり減らし会社を辞めました。

その後、私はフリーライターになったのです。ライターの仕事は単価が安く、お金持ちとはほど遠い生活でした。

株式会社を設立しました。私1人の会社です。会社をつくってみたものの、やっていることは、フリーライターと同じです。**生活はいっこうに豊かになりませんでした。**

STEP-3 | 出会いと学び

あるとき、ヒプノセラピーと出会います。もしかすると、仕事

や環境を変えるのではなく、内面を変える必要があるのではないかと思ったのです。

ヒプノで潜在意識を変えてもらいました。私は自分が貧乏だと思い込んでいただけだったのです。その思い込みを外し**「自分はお金持ちだ」というイメージを入れてもらいました。**

STEP-4 | 小さな成功

気持ちが大きく変わりました。今までは、何をするにしても「お金がないから」とか「どうせ儲かりはしない」と思っていましたが、**「とにかくやってみよう！」「お金なんか何とかなる！」と思えるようになった**のです。

STEP-5 | 大きな成功

次々と成功が舞い込んできました。文章スクールを立ち上げたことも、本を出版したことも、ヒプノセラピーサロンを開業したことも、すべて奇蹟のようです。心が変われば環境も変わることを身をもって学びました。

STEP 解説

STEP-1 | マイナスからのスタート

シンデレラは継母と義姉妹にイジメられるところからはじまります。家事はすべてシンデレラ。服も買ってもらえません。そういう悲しい部分を最初に書くと読者の同情を引きます。

例文1のように「手軽に食べられるラーメンを開発する」とか「絶対に金持ちになってやる」といった目標を書くことも忘れずに。

STEP-2 | 失敗の連続

　物語をすぐにハッピーにしてしまうとつまらなくなります。そこで失敗させる必要があるのです。シンデレラは自分で服をつくってもボロボロにされます。継母にお願いしても笑われるだけです。そんな失敗を繰り返します。

　もちろん、目標を決めてからトントン拍子で成功することもあるでしょうが、仔細に分析すれば、試行錯誤の過程が必ず見つかります。どんな些細なことでもかまいません。

STEP-3 | 出会いと学び

　シンデレラの場合は魔法使いのお婆さんとの出会いがあります。そこで、あきらめてはいけないということを学ぶのです。

　ビジネス書においては、ここが著者、本全体のテーマ、メッセージを決定づける重大な転機になります。

STEP-4 | 小さな成功

　シンデレラは、魔法によって舞踏会に出席し、王子様とダンスを踊ります。これは、小さな成功です。

　いきなりここで大成功してしまうと、リアリティがなさすぎて読者は興ざめするものです。小さな一歩を描きつつも、これがいつか大きな飛躍をもたらすという予感を読者に与えるのです。

STEP-5 | 大きな成功

　シンデレラの大きな成功は、ガラスの靴で王子様がシンデレラを見つけ、2人が結婚することです。

32 悲しみで読者の涙を誘う文章の型

苦しい状況 + さらに苦しくなる + 願望 + 少し明るくなる
+ ダメになる

STEP-1 | 苦しい状況

彼は [　　　] という状況に陥っていた。

STEP-2 | さらに苦しくなる

しかも、運が悪いことに、さらに状況が悪化していった。

STEP-3 | 願望

彼は、いつまでも悪いことが続くわけではない、と考えた。

STEP-4 | 少し明るくなる

実際、翌日には [　　　] ということがあり、一筋の光が見えた。

STEP-5 | ダメになる

ところが、天は彼の味方をすることはなく、[　　　] という最悪な結末を迎えた。

悲しみが人を癒す

『マッチ売りの少女』や『フランダースの犬』は、最後に主人公が死んでしまいます。そこで多くの読者が感涙します。この涙は

この型が使えるのは?

- サイト記事
- 書籍の原稿
- エッセー
- 小説

浄化の涙です。「カタルシス」とも言います。潜在意識の中にたまっていたよくない感情が外に出ていき、スッキリするのです。悲しみは悪い感情だと思っているかもしれませんが、実は傷ついた人の心を癒すのです。

不幸になるのはいつも善人

死んでいく人や失敗する人を善人に描くことがポイントです。読者は良い人がダメになると胸が痛みます。恋人との別れを描く場合でも、愛があるのに別れるという設定にすると、読者は身につまされたような気持ちになります。

SAMPLE 1

STEP-1 | 苦しい状況

「このワンちゃん、捨てられたみたいなんだけど、ちっとも動かないの。今夜は雪らしいから、ワンちゃんかわいそう」
　来春から中学生になる娘が言った。
「ウチで飼ってもいい?」
　動こうとしない老犬を、娘は抱きかかえて車に乗せた。娘の額に汗が光っていた。

STEP-2 | さらに苦しくなる

「ほら、食べな。おいしいお肉だよ」
　上等なドッグフードを与えても老犬は食べようとしなかった。水だけは飲んだ。前足をそろえ、凛として立ったまま、リビング

ルームから動かなかった。老犬は、床におしっこをもらした。独特のひどい臭いが部屋に充満した。

老犬は、相変わらず水以外は何も口にしようとしない。みるみるうちに痩せ細っていった。

STEP-3 | 願望

娘は、この犬と一緒に走り回りたいという。

春になったら、公園の芝生の上で遊ぶんだ。この犬は賢いから、きっといろんなことができるはず、フリスビーなんかもやってみたい。早く元気になって！

STEP-4 | 少し明るくなる

老犬を病院へ連れて行った。食が細くなり、衰弱しているということだった。獣医師が**栄養注射を打ってしばらくすると、それまでぐったりしていた犬が立ち上がり、大きく体全体をふるわせた。そして、娘のほうへと顔と足を向ける。**
「あ、走ってる！」

STEP-5 | ダメになる

しかし、3日後の夜、息を引き取った。安らかな、眠るような死に顔だった。

SAMPLE 2

STEP-1 | 苦しい状況

ボクたちは別れなければいけません。**3カ月後に彼女が遠い街に引っ越すからです。**小学6年生のボクたちには、何もできないのです。

彼女のお母さんは、自己中心的な人でした。すべての人を自分

に役立つかどうかで判断します。口癖は「使えねえ奴」です。
　今のお父さんは、本当のお父さんではありません。急に豹変する人でした。

STEP-2 | さらに苦しくなる

　彼女の体には無数の痣がありました。今のお父さんに殴られた痕です。タバコの火を押し付けられた痕もあります。長袖のシャツをまくり上げると痛々しい傷痕がありました。いびつに盛り上がった皮膚を触らせてくれたことがあります。
「痛くない？」
　ボクは恐る恐る触りながら言いました。
「今は痛くない」
　彼女はうっすらと笑みを浮かべたかと思うと、すぐに憂鬱な表情に戻ります。

STEP-3 | 願望

　そのとき、ボクは決意しました。夜空の月を見つめながら、心の中で叫びます。**ボクが彼女を守るんだ！　ボクが彼女を幸せにするんだ！**
　白い満月が彼女の笑顔に変わります。

STEP-4 | 少し明るくなる

「家出しよう！」とボクは彼女に話しました。
「遠い街で、私と暮らしてくれる？」
「うん」
「じゃ、駆け落ちだね」
　彼女はそう言ってニッコリ笑ったのです。

> **STEP-5 | ダメになる**
>
> ボクは待ちました。3時間たっても彼女は来ません。5時間待ちましたが、結局、彼女は来ませんでした。**彼女は誰にもさよならを告げずこの街を去って行ったのです。**ボクの初恋が終わりました。

STEP 解説

STEP-1 | 苦しい状況

「マッチ売りの少女」はこのプロットの典型例です。少女は大晦日の寒い夜、頭には何もかぶらず、足には何も履いていない姿でマッチを売っています。これほど悲惨な苦しい状況はありません。

例文1では、捨てられた老犬を少女が助けようとしますが、老犬は動こうとしないという苦しい状況です。例文2は、小学6年生の少女が、自己中な母親と虐待男と暮らしているという設定です。

STEP-2 | さらに苦しくなる

マッチは1本も売れません。売れないで帰るとお父さんに殴られます。おまけに空腹です。そんなときに、ガチョウを焼くおいしそうな匂いがしてきます。

STEP 2で、登場人物を突き落とすのです。さらに苦しい出来事が起きてもいいし、苦しい心情を表現するだけでもいいでしょう。

STEP-3 | 願望

少女はマッチをすって温まろうとします。ガチョウを食べてみ

たいと思うのです。しかし、その願いは叶いません。願うけど叶わないということが涙を誘うのです。ですから STEP 3 で、はかない夢を登場人物に見させることが重要なのです。

STEP-4 ｜ 少し明るくなる

　少女はマッチの炎の中で幻覚を見ます。唯一優しくしてくれたおばあさんの顔が浮かんでくるのです。

　このように、一度希望を見せることによって読者を牽引します。「マッチ売りの少女」の場合は、あくまで幻覚の中での出来事ですが、少なくともこの薄幸な少女にも人並みに幸せな時間があったという事実に読者は安心します。

　このまま不幸の連続だけでは終わってほしくない、というのが人間の自然な心の動きです。したがって、希望が見えないと読者は読み進めることに苦痛を感じます。

　状況が深刻であるほど、ほんのちょっとしたことが救いになります。たとえば、意識不明の状況に陥った知人の手を握ったところ、わずかに握り返してくれたようなことでも、読者は「助かるかも」という希望を見いだします。

STEP-5 ｜ ダメになる

　結局マッチ売りの少女は、翌日、街の人々に遺体を発見されます。それは安らかな死に顔でした。

　例文2のように別れるという結末でもいいですし、優秀な人がいじめられて仕事で失敗するというラストでもいいでしょう。

　STEP4でわざわざ読者の気持ちを一度持ち上げて、STEP5で突き落とす。この落差が読者の心を大きく揺さぶります。

　悲しい結末は書きたくないという人がいますが、何度も言います。悲しみが人を癒すのです。

読者をハラハラさせる
サスペンスな文章の型

崖っぷちの状況＋さらなる危機1～3＋結末

STEP-1 ｜ 崖っぷちの状況

前回の試合で負けたため、予選リーグ敗退の危機に陥った。もう1敗も許されない。

STEP-2 ｜ さらなる危機1

しかも今日の試合はアウェー。観客のほぼ10割が敵となる。

STEP-3 ｜ さらなる危機2

さらに、故障者続出で、ベストメンバーが組めない。

STEP-4 ｜ さらなる危機3

そして試合は開始早々、痛恨の先制点を許してしまう。

STEP-5 ｜ 結末

ところが、その後の守備の粘りが、後半残り10分からの奇跡に繋がる。

サスペンスが感動になる

　危機の連続で読者をハラハラさせる物語のことを「サスペンス」といいます。何度も襲いかかる危機を脱したとき、読者は安心感

この型が使えるのは？

- サイト記事　■ 書籍の原稿　■ エッセー　■ 小説

とともにちょっとした感動を味わうのです。

容赦なく突き落とす

　ポイントは主人公を容赦なく突き落とすことです。たとえ作り事であっても、登場人物を窮地に追いやるのは心苦しいものです。慣れていないとなかなかできません。

　しかし、中途半端だと感動が薄れます。最初に落として、最後に助かるという落差が大きいほど感動が大きくなるのです。くれぐれも中途半端な落とし方はしないように注意しましょう。

SAMPLE 1

STEP-1 ｜ 崖っぷちの状況

　広島にプロ野球団をつくると発表があったのが1949年だった。カープの初代監督は太陽ロビンスの石本秀一に決まった。広島生まれで広島商業のエースだった石本は「郷里の球団で最後の花を咲かせたい」と思った。

　カープには核となる親会社がなかった。設立資金は、広島県と広島市、福山市など県内の市が出すことになった。

　1950年1月、結成式が行われた。**選手は20名にも満たない空前絶後の貧乏チーム**が誕生した。

STEP-2 ｜ さらなる危機1

　開幕からわずか3カ月で経営危機に陥った。5月の時点で選手への給料が遅配した。2軍選手への給料が支払われたのは4月の

み、野球用具一式の代金が支払えず納入した運動具店を倒産させた。**セ・リーグへの加盟金 300 万円も払えなかった。**

STEP-3 | さらなる危機 2

球団は親会社を持とうと考えた。壽屋（サントリー）に持ちかけたが条件が合わなかった。続いて専売公社に持ちかけたが、公社が球団を持つことはできないと却下。最後はアサヒビールに売り込んだが最終決済で却下となった。

ついに遠征費も出ないほど追いつめられた。白石助監督は「旅費がないなら歩いていこうじゃないか。軍隊時代を思えばできないはずはない」と言った。

STEP-4 | さらなる危機 3

1951 年 3 月に下関にあった大洋との合併が決まった。**「広島解散、大洋に吸収合併」のニュースを聞いた選手の中には「ついにその瞬間がきた」と涙を流す者もいた。**

STEP-5 | 結末

ところが、石本監督が猛反対。球団役員を石本が猛烈に説得し、合併方針を撤回させた。

石本監督の危機打開策がはじまった。前代未聞の資金集め作戦だった。3 月 16 日の中国新聞で「今このカープをつぶせば、日本に二度とこのような郷土チームの姿を見ることはできぬだろう。私も大いにがんばる、県民もこのさい大いに協力してカープを育ててほしい」と訴えた。

カープ後援会を募集し、球場には樽を置いてそこに募金を募った（樽募金）。「おらがチームをつぶすな」と子どもらが小遣いを出した。大人は酒代やたばこ代を削って金を出した。

第7章　感情を揺さぶる感動ストーリーの型

　石本監督は資金集めに奔走した。シーズン中は白石助監督に采配を任せて、自分は広島県内各地の公民館や学校を回り球団の窮状(きゅうじょう)を訴えた。講演会では、歌を歌ったり、カープ鉛筆を売ったりした。**その結果、樽募金も合わせ、この年、はじめて黒字となった。**日本中が驚いた。「赤ヘル旋風」を巻き起こし、初優勝を遂げるのはそれからおよそ四半世紀後のことである。

SAMPLE 2

STEP-1 | 崖っぷちの状況

　若い僧侶が草原を歩いていました。ポカポカ陽気の気持ちのいい午後のことです。

　すると、草むらから野獣の声がします。「おや？」殺気を感じます。次の瞬間、草むらから虎が飛び出してきました。人を食べる獰猛(どうもう)な虎です。

　僧侶は必死で逃げますが、すぐに息が切れてきます。虎は、僧服の裾にかじりつきそうなほど近づいてきました。ところが、急に僧侶は止まります。目の前に断崖絶壁(だんがい)が広がっていたからです。

　虎は用心深く獲物を狙うときの目で、僧侶が逃げないように、じょじょに距離を縮めてきます。**絶体絶命です。僧侶は、もう逃げられません。**

STEP-2 | さらなる危機1

　断崖絶壁の下には川がありました。高い崖でしたが、飛び降りれば助かるかもしれません。僧侶ははるか下の川に目をやります。大きな川で水深もありそうです。よし、飛び込むぞ、と思ったとき、なにやらうごめくものが見えました。

　目をこすります。よく見ると、ワニの群れでした。**人食いワニが大きな口をあけて、僧侶が落ちて来るのを待っています。**どう

しよう？ 僧侶は足が震えました。

STEP-3 | さらなる危機2

　崖っぷちに1本のツルがあります。これをつたって降りて、途中でぶら下がっていれば、誰かが助けにきてくれるかもしれない。虎もあきらめて逃げていくかもしれない。

　僧侶はそう思い、ツルを手に持って降り、崖の中ほどでしばらくぶら下がっていました。ところが、誰も助けにきてくれません。崖の上では虎がこちらに向かって吠えています。手がしびれてきました。**もう限界です。**

STEP-4 | さらなる危機3

　ふと見ると、野ネズミが2匹ツルに爪を立てています。そして、カリカリとツルをかじっているのです。僧侶の命綱であるツルがネズミにかじられて、だんだん細くなっていきます。**ツルが切れるのは、もう、時間の問題です。**

STEP-5 | 結末

　そのとき、僧侶は崖に野イチゴがあるのを発見します。手を伸ばし、野イチゴをつまみ口に入れました。**甘酸っぱい味が口に広がり、ひとときの清涼感と幸福感にひたりました。**

STEP解説

STEP-1 | 崖っぷちの状況

　最初から崖っぷちに立たせます。崖っぷちの状況が読者の気持ちを引き締めます。

例文1は広島カープの創立時のエピソードです。空前絶後の貧乏球団でしたから、最初から崖っぷちだったわけです。

例文2は禅宗の公案の1つです。人生は困難の連続、そして必ず死ぬ、限られた時間の中でいかに楽しみを味わうかが大事なのだという教訓に満ちたお話です。

STEP-2 | さらなる危機1

死ぬかもしれないという危機が一番身につまされます。例文1のように球団存続の危機というのも読者の胸を打ちます。

STEP-3 | さらなる危機2

次々と危機はやってきます。危機1を何とか脱出できて安堵したのもつかの間、さらに危機がやってくるという展開にしていくのです。

安易に解決するとリアリティがなくなります。それだけでなく、読者はつまらない話だと感じます。崖っぷちの状況がなかなか解決しないからこそ、読者はワクワクドキドキするのです。

STEP-4 | さらなる危機3

最後の危機は、絶体絶命「これで終わりかも」と思わせることです。ここでとことん落としておけば、最後のどんでん返しとの落差が大きくなり、良い意味で読者を翻弄できます。

STEP-5 | 結末

結末はハッピーエンドが望ましく、最後の危機を脱してホッとしたところが感涙ポイントとなります。例文2のように、あえてハッピーなのかバッドなのかわからない結末にして読者に想像させるテクニックも使えます。

謎が謎を呼び、読者が気持ちよく翻弄される文章の型

奇妙な出来事（人物）＋推測1〜3＋答え

STEP-1 | 奇妙な出来事（人物）

［　　　］をする奇妙な出来事が続いた。

STEP-2 | 推測1

これは単なるいたずらではないだろうか？

STEP-3 | 推測2

いや、超常現象かもしれない。

STEP-4 | 推測3

あるいは、自然現象で説明できるのではないか？

STEP-5 | 答え

数日後、近所の野良猫が［　　　］をしている目撃情報が寄せられた。

奇妙な出来事は謎かけ

　なぞなぞを考えてみてください。たとえば「ウサギ、バッタ、カエルの中で、お〜いと呼びかけても振り向かないのは誰？」とか、「笑ってる人ばかりのお店はどこ？」とか、最初の奇妙な出

第 7 章　感情を揺さぶる感動ストーリーの型

この型が使えるのは？

- サイト記事　- 書籍の原稿　- エッセー　- 小説

来事や人物は「なぞかけ」だと思ってみてください。ちなみに、バッタは虫なので「無視」します。笑うのは「クスリ屋さん」です。

読者を勘違いさせる

　読者を勘違いさせるのがポイントです。悪い人が実はいい人だった、戦略的にやっているように見えて実は何も考えていなかった、などです。自分の推測とは異なる意外な事実に出会うと、人は間違っていた、裏切られたという残念な気持ちよりも、驚きの感情のほうが勝ります。

SAMPLE 1

STEP-1 | 奇妙な出来事（人物）

　世界第2位の約13億の人口を抱えるインド。そのインドの道を占領しているのが日本車。中でも、大半を占めるのがスズキの車。インド市場のシェア約50％だという。スズキといえば、日本では世界でトップグループを走るトヨタ、日産、ホンダなどと比べると影が薄い。軽自動車とバイクというイメージが先行する。
そのスズキがなぜインドでブレイクしたのだろうか？

STEP-2 | 推測1

　もしかすると、インド政府と強烈なパイプがあったのかもしれない。1982年にパキスタンへ出張したスズキの社員が飛行機内で偶然、とある新聞記事を発見した。「インド政府が国民車構想のパートナーを募集」とあった。それを社長に持って行くと、す

ぐにインド政府に申し込むことになった。

ところが、募集は締め切られていた。スズキの社長は「セールスは断られてからが勝負」と現地に社員を派遣し再度インド政府に働きかけた。二度目も断られたものの三度目の届け出のときにようやく補欠で認められたという。

つまり、インド政府とは何のパイプもなかったようだ。

STEP-3 | 推測2

スズキは、最初から発展途上国のインドを狙っていたのだろうか？ しかし、社長のこんな談話を読むと、その推測はもろくも崩れ去る。「先見の明なんてどこにあるかって。本当は、我々だって大手と同じように先進国に進出したかった」

STEP-4 | 推測3

スズキはインド政府に強烈にプッシュして積極的に食い込んでいったに違いない。

それから数年後のある日、インド政府の調査団が来日したときのことだ。その一報を受けて、スズキの社長はアメリカ出張前の隙間時間で調査団が泊まるホテルを訪問した。これはたまたまのことであり、どう見ても強烈にプッシュしたわけではないようだ。

STEP-5 | 答え

スズキは、特に綿密な戦略を立ててインド市場に進出したわけではない。たまたま社員が新聞記事を見つけ、たまたま調査団が来日していて社長が時間をやりくりしたに過ぎない。

そう、**たまたまが重なりインド進出が圧倒的に早かったというだけだ**。1981年にはインド政府との合弁会社「マルチ・ウドヨグ（マルチ・スズキ・インディア）」を設立し、83年には工場が稼

働している。GMがインド進出したのは94年、ホンダは95年である。**さらに、スズキにはインド国民が好む低価格な小型車を製造する技術があった。**それがブレイクした秘訣だ。

STEP 解説

STEP-1 | 奇妙な出来事（人物）

ちょっと不思議に思うことを書きましょう。なぞなぞだと思ってください。疑問文を入れてもいいですし、入れなくてもかまいませんが、読者の心に「？」がつくような文章を書いてください。

STEP-2 | 推測1

「もしかすると」という推量の言葉を入れるといいでしょう。STEP1に疑問が出てきますので、そのヒントを考えます。

STEP-3 | 推測2

推測しヒントを出したら、それを否定してください。それは答えではありませんよ、と示すのです。

STEP-4 | 推測3

最後の推測では「いったい答えは何だろう」と読者に思わせるように意識してみてください。登場人物にそのまま言わせてもかまいません。

STEP-5 | 答え

冒頭の疑問の答えを最後に書きます。推測の段階で、この答えを言ってしまわないように気をつけてください。

読者が共感してくれるハッピーエンドの文章の型

気になる出来事（人物）＋周囲の反応＋AかBか＋周囲の反応＋結末

STEP-1 | 気になる出来事（人物）

[　　　]しろという命令があった。

STEP-2 | 周囲の反応

まわりはみな、「それは無理だ」と言った。

STEP-3 | AかBか

やって後悔するか、やらずに後悔するか。

STEP-4 | 周囲の反応

なかなか結果が出ない私を見て、「あきらめたほうがいい」と忠告してくれる人がたくさんいた。

STEP-5 | 結末

しかし、最終的に私は[　　　]することに成功した。

アンテナを立てておく

　周囲の反応を書くことで読者の共感を得ることができます。読者の代弁をするように書いてみましょう。常日頃から、読者はどんなことで悩み、どんな夢を持っているのか、どんなことを考え

> **この型が使えるのは？**
>
> ■SNS　■サイト記事　■書籍の原稿　■エッセー
> ■小説　■セールスレター

ているのか、アンテナを立てておくことです。

最後はハッピーエンドに

　神様の審判です。AかBか、どちらになるのか、ハラハラドキドキしながら待つような設定を考えてみてください。

　たとえば、就職活動で採用になるか不採用になるか、プロポーズ相手がOK出すのかゴメンナサイとなるのか、などです。神様に審判をゆだねる設定にして、最後にハッピーエンドになると読者は胸をなでおろし、すっきりします。

SAMPLE 1

STEP-1 | 気になる出来事（人）

　アメリカのマスキー法は1970年に改正された。大気汚染防止のために自動車の排気ガスを規制する法律だ。メーカーにとって、その内容はかなり厳しいものだった。
基準に達成しない自動車は販売を認めないというものだった。

STEP-2 | 周囲の反応

　当時世界で一番厳しい法律だった。「パスするのは不可能だ」と言われた。GMやフォード、クライスラーのビッグスリーなどは激しく反発した。世界の自動車メーカーがこの法律を恐れた。
「車のスピードが重視されていた時代に排気ガスの規制をアメリカはやっているんだなぁ」と感心する技術者たちがいた。
「アメリカで起きていることは、やがて日本にも来るぞ」と危機

感を持つ者もいた。

　本田技術研究所内に「大気汚染対策研究室」、通称「AP研」(APはAir Pollutionの略) が発足した。

STEP-3 ｜ AかBか

　ホンダは、約400人の研究者を投入してCVCCエンジンを開発した。その車をアメリカに輸送し、試験場へ向かった。**クリアしなければ、すべてが水の泡である。**

　試験当日、エンジンのスイッチを入れるとプスプスと不調な音がした。排気ガスの数値は基準値を大幅に上回っていた。調べるとキャブレターの一部に異常が見つかった。

STEP-4 ｜ 周囲の反応

　ホンダの研究員は「予備があるから、交換させてほしい」と懇願した。

　そして必死にねばった。慣れない英語で賢明に説明を続けた。

　テストは翌日に持ち越された。
「翌日も、ダメだったらどうしよう。後始末はどうする」
　リーダーは、眠れなかった。

STEP-5 ｜ 結論

　二度目のテストは合格だった。世界ではじめてマスキー法をパスした車の誕生だった。**アメリカの巨大メーカーにできなかったことをホンダが成し遂げた。**

　その後、アメリカのビッグスリーがホンダに技術供与を求めてきた。

SAMPLE 2

STEP-1 | 気になる出来事(人)

2003年に地上デジタル放送がはじまった。**テレビの買い替え需要が爆発的に伸び、薄型テレビが人気となった。**

STEP-2 | 周囲の反応

ブラウン管のない薄型は大画面で壁にかけられる。マンションのリビングにあるとオシャレに見えた。
「テレビCMを見てると、どのメーカーも高画質、高機能ばかり主張しているけど、消費者はそれほどの高性能は求めていないんだけどなぁ」という声もあった。

STEP-3 | AかBか

パナソニックとシャープの間で、薄型テレビ戦争が勃発した。
「液晶のシャープ」と言われるほど、液晶事業はシャープの代名詞だった。
　一方、パナソニックはプラズマパネルを採用した薄型テレビで世界市場に売り出していた。

STEP-4 | 周囲の反応

　消費者はいったいどちらを選ぶのか？　プラズマなのか、液晶なのか？　**多くの関係者は、「薄型テレビ戦争はあのビデオ戦争の再来か？」と言った。**
「いやいや、大型はプラズマ、中・小型は液晶という住み分けができているから、さほど戦争にはならないんじゃないか？」という意見もあった。

STEP-5 | 結論

　結果、液晶のシャープが業績を伸ばした。パナソニックはプラズマの生産を打ち切り、自動車部品の製造にシフトした。
　ところが、2011年には、低価格が売りの韓国系メーカーが席巻しシャープもシェアを奪われる。ユーザーたちは、技術のことなどわからない。
「どっちにしても、画質なんてさほど変わらないんだから、安いほうがいいに決まってる」
　ユーザーは低価格を求めていた。当時52V型で約92万円だった。当然一般ユーザーが購入できる価格ではなかった。
　パナソニックはV字回復していた。早い段階でテレビ事業から撤退し新事業に力を入れていたからだ。一方、シャープは薄型テレビ戦争には勝ったものの、その後の価格競争に負けて、長い間、後遺症に苦しんだ。

STEP 解説

STEP-1 | 気になる出来事（人物）

　商品の開発秘話や苦労話は、最初に時代背景を書いてください。今では普通にできることでも、かつては不可能と言われていることがたくさんあります。どういう時代のことなのかがわかれば、読者もスムーズに入っていけます。

STEP-2 | 周囲の反応

　いろんな意見を紹介することです。その中で、目標や願望、悩みなどが入っているとドラマチックになります。

STEP-3 | AかBか

葛藤を書きます。AかBか、どちらが勝つのか、あるいは、合格するのか、不合格なのか。大金や命がかかったような、運否天賦のギャンブルの葛藤も面白いでしょう。AかBか、どちらになるのかという疑問が、読者の好奇心を刺激します。

STEP-4 | 周囲の反応

推測や予想を書くといいでしょう。この葛藤の結末はどうなるのかを周囲はいろいろ考えるはずです。

「Aが勝ったらこうなる」、「Bが勝ったらこうなる」という分析でもいいですし、「もしも不合格だったらどうしよう」という不安な気持ちを書くのもいいでしょう。

いわゆる「じらし」です。葛藤の結論をすぐに明かしてしまうと、読者はハラハラドキドキできません。「いったいどうなるんだろう？」と思わせるために、結論に急がずに「じらす」ことで、読者のドキドキはピークになります。

STEP-5 | 結末

連載マンガなどでは、あえて決着がつかない終わり方にして続きを読者に期待させる手法が多用されていますが、なるべくスッキリとした結末にしたほうが読者はカタルシスを得ます。

ちなみに例文2は、この型を使いつつも、あえてその後の日本の家電メーカーの迷走を予感させる、ハッピーエンドとは異なる結末にしました。AかBではなく、それ以外のCが答えだったことに読者は意表を突かれるわけです。

このように、型を自分なりにカスタマイズしたり、アレンジすることで、文章表現の幅も広がります。

コラム　｜　リアリティを持たせる3つのコツ

　嘘っぽい話は誰も感動しません。読んでいても興ざめするのです。読者はリアルな話を聞きたいのです。

　ただし、事実を書いたからといってリアリティが出るとは限りません。「だって、これ、ホントのことなんだもん」と言っても、リアリティがなければダメなのです。リアリティを持たせるには次の3つのコツを覚えておくといいでしょう。

①デティールを描写する

　細部を丁寧に書くことです。「サンドイッチを食べた」だけではなくて、サンドイッチにはハムとレタスが入っている、2センチほどかじっただけ、といった細かな部分を描くことで、具体性とリアリティが生まれます。

②作用と反作用

「良いことがあったら、悪いことがある」という展開を意識します。「何かを得るために、何かを失った」というのも同じです。魔法を使って簡単に欲しいものを手に入れるだけだとリアリティに欠けますが、魔法を使った後は、しばらく熱を出して動けなくなるとリアリティが出てきます。

③意外性

　常識をくつがえす意外なことがリアリティを生みます。ヤクザがラーメン屋から出てくるとき、鼻歌で『網走番外地』を歌っているよりも、AKBの『恋するフォーチュンクッキー』を歌っているほうがリアルです。

第 8 章

思わずクスッとなる「笑い」の型

　時々、面白い出来事に出くわすことがあります。「これは面白い」と思って書くのですが、出来上がるとちっとも面白くないのです。

　そんなとき、ぜひ本章で紹介する型を使ってください。型を無視して書くと面白くなくなります。あくまでも、型が重要なのです。

　歴史の風雪に耐えて残っている落語には、笑いの原型があります。この型を文章に応用していけば、読者を笑わせる文章が書けます。

緊張と緩和を使って失敗を笑いにする文章の型

問題提議＋失敗例1＋失敗例2

STEP-1 | 問題提起

お葬式で、ハプニングが起きた。

STEP-2 | 失敗例1

木魚を叩き終わったと同時に、お坊さんが［　　　］したのだ。それでも皆、神妙な顔を崩さなかった。

STEP-3 | 失敗例2

ところが、4歳の娘だけは黙っていられなかった。
「［　　　］」

落語 「猿後家」

　猿に似た顔の未亡人の「猿後家」という話です。「サル回し」とか「サルスベリ」とか、「サル」という言葉を言うと未亡人は烈火のごとく怒り出します。逆に、「美人ですね」と褒めると、お小遣いをくれる。ところが、出入りの業者がうっかり「サル」と言ってしまう失敗談が人を笑わせます。

緊張と緩和

　絶対に失敗できないと、登場人物が恐怖でビクビクするのがポイントです。それがストーリーに緊張をもたらし、失敗という緩

この型が使えるのは？

■ SNS　■ サイト記事　■ 書籍の原稿　■ エッセー　■ 小説

和によって笑いが生まれます。

SAMPLE

STEP-1 | 問題提議

　さる商家のおかみさん。40過ぎで顔が猿そっくり。近所の者に「サル、サル」と後ろ指をさされるので、ノイローゼ状態で、家に閉じこもりきり。

　出入りの業者や家の者には「サル」という言葉を絶対に使わせない。口に出したが最後、奉公人はクビ、職人も出入り禁止になるので、みな戦々恐々。何とか、未亡人に機嫌を直してもらおうと番頭さんは頭を抱えている。

STEP-2 | 失敗例1

　そこへ現れたのが出入り魚屋の源さん。
「お前さんは、口八丁手八丁でおかみさんの機嫌をとるのが上手だ。ひとつ、今日もお願いできないかねえ」と番頭さんが頼み込む。
　源さんは、おかみさんに挨拶に行くと、さっそくお世辞の連発。
「あっしの親せきで京美人がいるんですが、その娘さんと、おかみさん、そっくりでさぁ。え？　それ、素顔なんですか？　化粧してるのかと思いやした」
　おかみさんは、すっかり有頂天。
「ところで源さん。最近、来なかったじゃないか。何してたんだい？」
「上方から来た友だちを江戸の名所へ案内してたんでさぁ。浅草

へ行きますと大勢の人だかり。これが近ごろ珍しいサル回しだったんですよ」

「何？　サル？」

当然のように追い出される源さん。

STEP-3 | 失敗例2

　ますます機嫌が悪くなるおかみさん。戦々恐々とした雰囲気に奉公人たちは怖気づく。これじゃあ仕事にならない。番頭さんは悩んでしまう。やっぱり、ここはもう一度源さんにおかみさんの機嫌をとってもらうしかない。

　源さんが名誉挽回・汚名返上にやってくる。前世の美女といえば「小野小町」「静御前」「常盤御前」。そんな名前を言えばいいんじゃないかと番頭さんから知恵をもらう。

「おかみさんほどの美人は小野小町ですなぁ」と源さん。おかみさんは上機嫌で「それにしても、そんな名前をよく知っていたねぇ。お前さんは知恵者だねぇ」と感心する。

「いえ、ほんのサル知恵でございます」

STEP解説

STEP-1 | 問題提起

　最初に何らかの問題を発生させます。ちょっと変わった人物や間抜けな人物がいると、面白い問題が設定できます。

　ポイントはやってはいけないことを設定することです。「非常ボタンは絶対に押しちゃダメだよ」や「この花瓶は時価総額1億円だから、このそばで遊んじゃダメだよ」などです。

STEP-2 ｜ 失 敗 例 1

　ハラハラしながら見ている人物を登場させ、「機嫌をとる」「激高する」「怒鳴る」といった言葉を使うと緊張感が高まります。「猿後家」では同じような失敗を繰り返しますが、これは最近のお笑い用語でいうと「天丼」です。天丼には海老天が2つ入っていることがしばしばあることから、同じようなボケを繰り返す笑いのテクニックをそのように呼ぶそうです。漫才を見ればわかりますが、同じようなボケが連続で続くと「またか！」とあきれる反面、滑稽(こっけい)で笑えます。

STEP-3 ｜ 失 敗 例 2

　失敗談は人を笑わせます。失敗談は、2つだけではなく、もっとたくさんあってもかまいません。

　余談ですが、文章だけでなくおしゃべりでも、失敗談は場を盛り上げます。人間は他人の失敗が面白いのです。そして、話したほうもその笑いで救われることがあります。過去の恥ずかしい失敗も、笑い話に昇華することで精神衛生を保てます。悲劇は型次第で喜劇にもなると覚えておいてください。

やってみよう

何でもいいので、失敗談を思い出してリストアップしてみましょう。そして過去の失敗を笑い話にしてみましょう。

例1　ホームステイしたとき「ただいま」の英語がわからず「ダライラマ」と言ってしまった。
例2　30連勤したら「連勤術師」とあだ名がついた。
例3　彼女へ送るメールを母親に送ってしまった件。

37 本心と反対の言葉や行動で笑わせる文章の型

シチュエーション設定＋反対セリフ＋結末

STEP-1 ｜ シチュエーション設定

小さい頃、[　　　]のときには、彼のもとには何人もの女の子が来た。しかし、彼は照れくさくて[　　　]だった。

STEP-2 ｜ 反対セリフ

迷惑そうに、[　　　]と言うのはいいほうで、[　　　]をして女の子を泣かせることもあった。

STEP-3 ｜ 結末

人生には三度モテ期が訪れるそうだ。幼稚園の年少、年中、年長で彼にとってのモテ期が終わってしまったことを知るのは、10年後のことである。

落語「饅頭怖い」

「饅頭怖い」の面白みは、反対の意味のセリフにあります。本当は饅頭が大好きなのに「怖い」と言うわけです。こうした反対セリフがあると面白くなります。

お茶くみ仕事なんか大嫌いなのに「こういう仕事、大好きです」と言ってしまったり、好きな人のことを「嫌いよ」と言ったり、軽蔑しているのに「尊敬しています」と言ったりするセリフです。

第8章　思わずクスッとなる「笑い」の型

この 型 が 使 え る の は ?

- SNS　- サイト記事　- 書籍の原稿　- エッセー　- 小説

シチュエーションが決め手

　シチュエーションの設定が一番重要になります。ポイントは次の3つです。①登場人物を2人以上にすること、②1人が反対セリフを言うこと、③それ以外は、反対セリフを言っている人物とは反対の意見を持っていること。反対セリフを言う人物と、それ以外の人物を対立させると面白くなります。

SAMPLE

STEP-1 | シチュエーション設定

**　町内の若い衆が集まった。好きな食べ物をああだこうだと言っているうち、人には好き嫌いがあるという話になる。**

　嫌いな虫を言い合って盛り上がった。蜘蛛（くも）、ヤモリ、オケラ、ムカデといろいろ出た。

　辰さんだけが黙っていた。辰さんは、若い衆たちによく思われていなかった。普段から、飲み屋の割り前は払わないし、喧嘩は強いからかなわない。何かあると、すぐに殴る。
「おめえは、どんなもんが怖い？」と聞くと、「ないっ」と辰さんはつっけんどんに答える。

　何かあるだろうとしつこく突っ込むと、「おととい、カカアの炊いた飯がコワかった」。

　そうじゃなくて、動けなくなるような怖いものだと言うと、「カカアがふんどしを洗ったとき、糊をうんとくっつけちゃった。コワくって歩けねえ」と、**辰さんは屁理屈ばかりをこねる。**

若い衆は「蛇はどうだ」と聞くと、「あんなものは、頭痛のときの鉢巻にする」とうそぶく。トカゲは三杯酢にして食ってしまう。蟻はゴマ塩代わりに飯にかける。

STEP-2 | 反対セリフ

　忌ま忌ましいので、何か1つくらいないのかと食い下がると、「へへ、実は、それはあるよ。それを言うと、体中総毛立って震えてくる」
「へえ、何だい？」
「一度しか言わないよ。……饅頭」
　辰さんは、わざとブルブル震えるふりをする。一同あぜん。
「菓子屋の前に行くと目をつぶって駆け出すし、思っただけでもこう総毛だって、いけねぇ」と辰さん。さらに、**「怖いっ、怖いよぉっ。饅頭怖いよぉ」**と泣き出して、とうとう寝込んでしまった。

STEP-3 | 結末

「饅頭のことを考えただけで、あんなに怖がってるんだ。実物を見たらきっとひっくり返るぜ。日頃の恨みを晴らそうぜ」
　というわけで、若い衆は菓子屋から山のように饅頭を買ってきて、日頃の仕返しを考えた。辰さんの枕元に饅頭を山盛り置いて辰さんを起こす。
　うめいていた辰さん、枕元を見るなり「ウワーッ饅頭怖いよう！」と、絶叫しながら饅頭を食べる。若い衆は、そこで騙されたと気づく。
「おう、怖い怖いと言ってた饅頭を食いやがって。こんちくしょう！　てめえはいったい、何が怖いんだ」
　辰さんはブルブルと震えながら、「今度は、お茶が怖い」。

STEP 解説

STEP-1 | シチュエーション設定

中心人物の性格を記述しましょう。性格がわかるとその人間性が読者に伝わってきますし、人物が動きはじめます。そして、周囲の登場人物との対立軸や関係性なども明確にしていきます。

STEP-2 | 反対セリフ

反対セリフを使うと面白い話になります。踏み絵や、強制的に自白を迫られるような場面は別ですが、感情と真逆のことを言ったり、したりするのは、ほとんどが見栄や世間体を気にしたり、その場しのぎをするような場面です。愚かではありますが、誰もが身に覚えのある、いかにも人間臭い葛藤が笑いを誘うのです。

STEP-3 | 結末

オチがあると最高ですが、落語のように切れ味のいいオチは、なかなか思いつくものではありません。そんなときは、最後まで反対セリフを言い通すというパターンで滑稽さを伝えます。

やってみよう

反対セリフを使うシチュエーションを考えてみましょう。

例1　上司のことを嫌いなのに好きですよと言ってしまう場面。
例2　本当は参加したくないイベントに、「ちょうど空いていました」と喜んだふりをしてしまう場面。
例3　本当は早く帰りたいのに「いえ、まだ大丈夫です」と深夜まで飲んでしまう場面。

38 間に立って翻弄される姿で笑わせる文章の型

シチュエーション設定+間を行ったり来たりする+結末

STEP-1 | シチュエーション設定

A課長とB課長は犬猿の仲。彼はどちらに [　　　] するか悩んでいた。

STEP-2 | 間を行ったり来たりする

A課長を立てればB課長が立たず、B課長を立てればA課長が立たない。彼は [　　　　] していた。

STEP-3 | 結末

結局、面倒くさくなった彼は [　　　　] をしてしまった。

落語「お見立て」

この型で笑わせる古典落語は「お見立て」以外にもたくさんあります。ポイントは、AさんとBさんの間に立った正直者の苦悩を描くことです。その苦悩ぶりが読者を笑わせます。人が右往左往している姿というのは滑稽なものです。

登場人物は最低でも3名必要

登場人物は最低でも3名必要です。両者の間に立つ人の苦悩が面白いわけですから。そのうち2人は自分の意見を曲げない人物

第 8 章　思わずクスッとなる「笑い」の型

この型が使えるのは？

■ SNS　■ サイト記事　■ 書籍の原稿　■ エッセー　■ 小説

がいいでしょう。間に立つ人物は、優柔不断で気が弱く、嫌と言えない性格のほうが望ましいです。

心理を書くこと

　間に立つ人の苦悩を、心のつぶやきにしてみてください。
「何で、こんなことしなきゃいけねぇんだよ」とか「もう、嫌になっちまうぜ」とか、そんな心のつぶやきを書くと、わかりやすく心理を伝えることができます。

SAMPLE

STEP-1 ｜ シチュエーション設定

　吉原では「お見立て」という儀式のようなものがある。
　お客が、格子内にズラリと居並んだ花魁(おいらん)を吟味し相手を選ぶ。そのとき、若い衆が「お見立てを願いま〜す！」と声をかける。
　吉原の花魁「喜瀬川(きせがわ)」。田舎者の杢兵衛(もくべえ)がせっせと通って来るのが嫌で嫌でたまらない。あの顔を見ただけで虫唾(むしず)が走って熱が出るぐらいだ。
「今病気だと、ごまかして追い返しとくれ」と若い衆に頼むが、杢兵衛、いっこうにひるまない。「病気なら見舞いに行ってやんべえ」と言いだす始末。
　杢兵衛は、自分が嫌われているのをまったく気づかない。

STEP-2 ｜ 間を行ったり来たりする

　面倒くさくなった若い衆が、「実は花魁は先月の今日、お亡く

なりになりました」と、言ってしまった。

すると、「どうしても喜瀬川の墓参りに行く」と言って、杢兵衛は涙にむせぶ。

困った若い衆、喜瀬川に相談すると、「かまやしないから、山谷あたりのどこかの寺に引っ張り込んで、どの墓でもいいから、喜瀬川花魁の墓でございますと言やあ、田舎者だからわかりゃしないよ」と意に介さない。**若い衆は間に入って困惑する。勘弁してくださいよ、もう、逃げ出したいよ。**

STEP-3 │ 結末

しかたなく杢兵衛を墓所へ案内する。
「それで、墓はどこさだ」
若い衆は、詰め寄られてどうにもならない。苦し紛れに、お客が花魁を吟味するときの口上を大きな声で叫ぶ。
「へえ、よろしいのを1つ、お見立て願いま〜す」

STEP解説

STEP-1 │ シチュエーション設定

花魁も、杢兵衛も意見を曲げません。弱い立場の若い衆は嫌と言えずに苦悩しますが、こうしたシチュエーションは誰もが身に覚えのあることではないでしょうか。つまり、読者にとってはとても共感しやすいのです。

板挟み、しかもどちらにも頭が上がらないとなるという理不尽な状況に陥ったとき、逃げるか、どちらかに付くか、自分だけ泥をかぶる覚悟をするか、あるいは自分より弱い立場の者に責任転嫁をするくらいしか選択肢を思いつきません。そして、そのどれ

を選んでも丸く収まるとは思えません。

　自分事として想像するとゾッとしますが、他人のことであれば話は別、笑って見ていられます。172ページで解説した緊張と弛緩の関係がここにもあるのです。

STEP-2 ｜ 間を行ったり来たりする

　どちらかがすぐに折れて解決してしまうと面白くありません。さんざん振り回された末に、間に立って「勘弁してくださいよ、もう、逃げ出したいよ」「クソッ！　どうすりゃいいんだ！」と嘆くのが笑いを誘うのです。

　このように、セリフで心理を表すという方法もありますが、「○○と思った」と気持ちをそのまま書いてもいいですし、「身をよじった」「ハンカチを引きちぎった」など、動作で表現することもできます。

STEP-3 ｜ 結末

　オチをつけても、つけなくてもOKです。決着がつかなくてもいいくらいです。「結局、この後どうなったんですか？」という疑問を残して終わってもいいのです。

やってみよう

間に立って苦しんだことを思い出してみましょう。

例1　喧嘩した両親の間に立って連絡係をした。
例2　仲の悪い友人の間に立ってお互いの悪口を聞いた。
例3　会社の派閥争いの間に立って、双方から飲み会に誘われた。

39 人のマネをしたオチで笑わせる文章の型

成功事例+成功事例をマネする+結末

STEP-1 | 成功事例

正直じいさんが鬼のところへ行って○○をすると、鬼は喜んで[　　　]してくれた。

STEP-2 | 成功事例をマネする

それを知った意地悪じいさんもマネをし、鬼のところへ行って○○した。

STEP-3 | 結末

ところが、意地悪じいさんの○○はあまりにも[　　　]だっため、鬼を怒らせ、[　　　]になった。

落語「時そば」

「時そば」の型は多くの落語に見られます。人のマネをして失敗するという型です。馬鹿な人間は、賢い人のマネをしたがるものです。そのマネしている姿が滑稽に見えます。愚人と賢人の対比が面白いのです。

中心に描くのは愚かな人間になります。愚人は深く考えず、すぐに決断します。見たものを信じてしまいますし、マイナスの可能性を無視して、ポジティブな面だけを見てしまうのです。そんな愚かな人間の性格を表現するといいでしょう。

第8章　思わずクスッとなる「笑い」の型

この型が使えるのは？

■ SNS　■ サイト記事　■ 書籍の原稿　■ エッセー　■ 小説

愚者は穴に落ちる

結末は失敗するほうが面白いものです。マネしたことがうまくいったら笑い話になりません。愚かな人間は、最後は落とし穴に落ち、落ちた瞬間、読者は笑うのです。

SAMPLE

STEP-1 | 成功事例

冬の寒い夜、「おうッ、花巻にしっぽく（海苔とちくわ入りのそば）、ひとつこしらえてくんねぇ」と男が屋台に飛び込んでくる。

この男、待つ間に「看板が当たり矢で縁起がいい」「あつらえが早い」「割り箸を使っていて清潔だ」とお世辞を言う。そばが出来上がると「いい丼を使っている」「鰹節がたっぷりきいててダシがいい」「そばは細くてコシがあって」「ちくわは厚く切ってあって」と歯の浮くような世辞を並べ立てる。

食い終わった男は言う。
「実はさっきまずいそばを食っちゃったからこの店に口直しにやったんだ。一杯で勘弁してくれ。いくらだい？」
「十六文で」
「小銭は間違えるといけねえ。手ぇ出しねえ。それ、一つ、二つ、三つ、四つ、五つ、六つ、七つ、八つ、今、何時だい？」
「九つで」
「十、十一、十二……」
男はすーっと行ってしまった。
これを見ていたぼーっとした男、「あんちきしょう、しまいま

で世辞ぃ使ってやがら。それにしても、変なところで時刻を聞きやがったな」と、指を折ってはたと気づく。

「あ、少なく間違えやがった。1文かすりやがった。うめえことやったな」

STEP-2 | 成功事例をマネする

ぽーっとした男は自分もやってみたくなって、翌日、まだ早い時間にそば屋をつかまえる。

「寒いねえ」

「いえ、今夜はだいぶ暖かで」

「ああ、そうだ。寒いのはゆんべだ。どうでもいいけど、そばが遅いねえ。割り箸を……割ってあるね。いい丼だ……まんべんなく欠けてるよ」

「へい、お待ち」

「そばは……太いね。ウドンかい、これ。おめえんとこ、ちくわ使ってあるの?」

「使ってます?」

「薄いね、これは。丼にひっついていてわからなかったよ。月が透けて見えらあ。オレ、もうよすよ」

STEP-3 | 結末

「いくらだい?」

「十六文で」

「小銭は間違えるといけねえ。手を出しねえ。それ、一つ、二つ、三つ、四つ、五つ、六つ、七つ、八つ、今、何時だい?」

「四つで」

「五つ、六つ、七つ、八つ……」

たくさん支払わなければならなくなり、男は泣きべそをかく。

STEP 解説

STEP-1 | 成功事例

　主人公が惚れ惚れするような成功例を書くといいでしょう。思わずマネをしたくなるような事例にするのです。

STEP-2 | 成功事例をマネする

　主人公がマネをします。主人公は多少間抜けな性格にするといいでしょう。実際にマネをしてみると成功事例とは少し違ってきます。その違いが読者を笑わせます。

STEP-3 | 結末

　失敗で終わります。人のマネをしたって、うまくいくわけがないのです。それが現実です。この型は、そんなリアルさを身にしみて感じさせるのかもしれません。

やってみよう

あなたがマネしたくなる人物とはどんな人でしょうか？　リストアップしてみましょう。

例1　年収1億円を超えている人たちの行動。仕事の進め方やパートナーとの接し方など。
例2　高級寿司店で「お決まり」か「お任せ」か「お好み」か、粋な食べ方をする人物。
例3　異性にモテる人の言葉遣いや行動。

権威の失墜で笑わせる文章の型

シチュエーション設定＋権力者との対決＋結末

STEP-1 | シチュエーション設定

昔々、あるところに [　　　] な王様がいました。非常に滑稽でしたが、側近も含めて国民はみな、王様を恐れて本当のことを言えませんでした。

STEP-2 | 権力者との対決

王様のパレードの日です。その姿を見た子どもが王様に向かって [　　] と正直に叫んでしまったのです。

STEP-3 | 結末

パレードに集まった人たちは王様が怒り狂うと思い、恐れおののきました。ところが王様は正直に言った子どもに対して [　　] と言ったのです。

落語「たがや」

　江戸時代のたがや（桶を修理する職人）と侍の対決を描いた話が「たがや」です。古典落語の「たがや」では、侍が勝ち、たがやが負けていました。ところが、いろんな落語家が演じているうちに庶民の代表としてのたがやが勝ち、偉そうな侍が負けたほうがウケがいいということで、今の形に変わったそうです。

第8章　思わずクスッとなる「笑い」の型

この型が使えるのは？

- SNS　- サイト記事　- 書籍の原稿　- エッセー　- 小説

偉そうな人物をネガティブに描く

　権力をかざして偉そうにしている人物は、誰もが嫌悪感を抱きます。政治家やお金持ち、役人、学者、医師、弁護士、官僚主義の上司など、ステレオタイプですが権力をかさにきて偉そうにしている人物がコテンパンにやられていく姿は庶民には痛快なのです。
　したがってポイントは、偉そうな人物をとことん嫌な人間として描くことです。

SAMPLE 1

STEP-1 | シチュエーション設定

　江戸時代には「たがや」の職人がいた。大桶を修理する仕事だ。
　安永年間5月28日は、両国の川開き。両国橋の上は見物人でごったがえす。花火をめでると「玉屋」の声しきり。「た〜〜ま〜〜や〜〜！」とあちこちで聞こえる。
　すると、本所方向から旗本の一行。前には2人の供侍、中間は槍を持っている。「寄れ、寄れいっ」と、強引に渡ろうとする。これが仰々しい。反対側の広小路方向から通りかかったのが、商売物の桶のたがをかついだ、たがや。
「いけねえ、川開きだ。しかたがねえ。通してもらおう。すみません」
　もみ合う中、後ろから押されたはずみに、かついでいたたががはずれ、向こうからやって来た侍の笠の縁をはがしてしまった。

189

STEP-2 | 権力者との対決

恥をかかされた侍は、カンカンになって怒り「たわけ者め、屋敷へまいれ」とどこまでも偉そうだ。

最初は謝っていたたがやだが、いざ喧嘩になるとめっぽう強い。相手が侍だろうが、こうなったら命がけ。

侍のほうは太平の世で怠惰な毎日をむさぼっている。刀の手入れが悪くてうまく抜けない。武道の稽古などしていないので、刀を持つ手も腰が引けていた。一方、たがやは百戦錬磨の喧嘩好き。必死のたがやは侍の刀を奪って、次々と供を斬り倒していく。

STEP-3 | 結末

最後に残った旗本が馬から下りて槍をしごく。ビビッて足が震えている。生まれてこのかた戦などやったことがない。

突いてくる槍の千段巻きを、たがやはグッとつかみ、横一文字に刀をはらうと、勢い余って武士の首を宙天高く飛ばす。

それを見ていたまわりにいた見物人が「上がった、上がったい。たぁ～～がやぁ～～」。花火のようなかけ声があがる。

SAMPLE 2

STEP-1 | シチュエーション設定

これは30代のシングルマザーが経験した本当のお話です。彼女は4歳の男の子と2人で暮らしていました。政令指定都市の駅から自転車で15分ほどの場所にある築40年以上もするボロアパートに住んでいました。

彼女の学歴は高校中退。仕事はスーパーのパートです。夜も働きに出ていたのですが、子どもがまだ小さいので3日で辞めました。

彼女が生活保護を受けようと、市役所を訪れたときのことです。

第8章　思わずクスッとなる「笑い」の型

職員がこんなことを言いました。
「夫と離婚したことが悪い。土下座して復縁してもらいなさい」
　そう言って断られたのです。壁には「生活保護不正受給撲滅キャンペーン」のポスターが貼ってありました。2回目は「あなたはまだ若い。生活保護を受ける前に売れるものがあるでしょう。いい体してるじゃないですか」と言われました。
　3回目は、その職員がニヤニヤしながらいやらしい目で彼女の肩に手を置いてきたのです。「特別に受給させてあげようか」と耳元で囁きました。
「やめてください」と職員の手を振り払うと、「嫌ならソープランドで働け！」と恫喝したのです。

STEP-2 | 権力者との対決

　頭にきた彼女は弁護士に相談しました。弁護士の助言でボイスレコーダーを持って再度生活保護の申請に行きました。
　同じ職員が応対しました。
「考え直してくれましたか」といやらしい顔で笑います。職員は彼女の後ろに回り、彼女の肩を抱きました。
「あなたとエッチしたら生活保護が受けられるんでしょうか？」
「もちろんです」
この音声がバッチリと録音されたのです。

STEP-3 | 結末

　弁護士はすぐに動いてくれました。音声はマスコミにも送られテレビや新聞が大々的に取り上げました。市長をはじめ福祉部の部長以下、関係幹部が報道陣の前に整列して謝罪会見を開きました。
　担当職員は即刻解雇。インターネットでは実名で顔写真まで公

開されました。今は遠くの街へ引っ越して就職活動をしているそうです。

彼女は無事生活保護を受けることができました。

STEP解説

STEP-1 | シチュエーション設定

　登場人物の情報を書いてみましょう。どういう人物なのか、立場や状況などです。とくに権力をかさにきて偉そうにしている人物は、いけ好かない野郎というイメージを持たせてみてください。

　例文１の落語では、傲慢な武士をいけ好かない権力者に設定してあります。さらに、５Ｗ１Ｈが入っていて情景がイメージしやすくなっています。情景が目に浮かぶと読者は感情移入しやすくなり、感動への準備が出来上がります。

STEP-2 | 権力者との対決

　弱い立場の人間が、強い立場の人間をやり込めていくわけです。その構図を明確にするといいでしょう。

　とくにいけ好かない権力者側のダメなところをしっかりと書くことです。例文１は、刀の手入れもしていない腰の引けた武士だと書いています。例文２では、市役所の職員が、さらなるセクハラをして読者の憤りを誘います。

STEP-3 | 結末

　例文１のように威張っている侍の首が飛んでしまうのは、

ちょっと抵抗があるかもしれません。相手を殺さなくてもいいのです。とにかく読者がスカッとするような切れ味のいいやっつけ方を考えてみてください。

例文2は、市役所の職員はクビになり、主人公の女性は無事に生活保護が受けられてハッピーエンドになっています。勧善懲悪の結末にスカッとするものです。

大ヒットしたテレビドラマ「半沢直樹」が、この型で作られたストーリーでした。最初、主人公は権力者側にいじめられ、苦境に立たされます。しかし形勢を逆転し、やられた分を「倍返し」するのです。あのドラマを見て、スカッとした視聴者も多いのではないでしょうか。

例文2は笑い話とはいえませんが、本節で紹介したものを含めて、型はあくまでも容れ物と考えてください。素材の入れ方次第では、違った効果を出せるという一例です。

やってみよう

あなたが考える強い立場を利用して弱者をいじめている人をピックアップしてみてください。そして、その人のいけ好かないセリフを考えてみましょう。

例　大企業の担当窓口の人
「下請け業者はおたく以外にもたくさんあるんですよね。嫌ならいいんですよ」

41 騙しの手口で笑わせる文章の型

騙しの伏線＋喜ばしい出来事＋結末

STEP-1 | 騙しの伏線

「騙される奴が悪いのだ！」と言っている傲慢な男を、みんなでとっちめることになった。

STEP-2 | 喜ばしい出来事

傲慢男をうまく誘い出し、絶世の美女とホテルイン。男は大喜び。

STEP-3 | 結末

ところが、その美女の正体は[　　　]。「お前ら、騙したな！」と怒る傲慢男に、みんなで言ったセリフが……。

落語「転宅」

　女一人暮らしの家へ忍び込んだ泥棒が、女に騙される話が「転宅」です。鮮やかな騙しの手口に感心すると同時に胸のすく思いがします。

　映画でも騙したり騙されたりする物語は人気があります。もしかすると人間は騙すことに快感を覚えるようにできているのかもしれません。

第8章　思わずクスッとなる「笑い」の型

この型が使えるのは？

- SNS　- サイト記事　- 書籍の原稿　- エッセー　- 小説

騙されるのは悪人

　騙される人間が悪者であるほうが望ましいのです。善人が騙される話はあまり聞きたくないですから。最初にどのような悪人にするかシチュエーションを考えてみてください。

有頂天から奈落の底へ

　騙される人間が喜んで有頂天になっていると笑いの効果が倍増します。騙されたと気づいたとき、有頂天から奈落の底へ真っ逆さまに落ちていくのです。その落差が面白いのです。

SAMPLE

STEP-1 | 騙しの伏線

　お妾さんの家。
　旦那が月々のお手当を持ってくる。明治のお金で50円を置いて帰っていく。それを見ていた間抜けな泥棒が忍び込んで、お膳の残り物をムシャムシャ食っている。お見送りから帰ってきたお妾さんのお梅が見つける。
「きゃあ！」と声を上げるお梅の口を押さえて泥棒が脅す。
　お梅は一向に動じない。そればかりか、**「あたしも実は元はご同業で、とうに旦那には愛想が尽きているから、あたしみたいな女でよかったら、連れて逃げておくれ」**と言い出した。

STEP-2 | 喜ばしい出来事

泥棒、でれでれになって、とうとう夫婦の約束をする。

「明日、風呂へでも行ってサッパリした体で来ておくれ」
「そうか、そうだな。明日出直してくるか」
「お前さん、今日の稼ぎはいくらだったんだい？」
「20円だよ」
「そうかい。亭主のものは女房のもの。このお金は預かっておくよ」

　泥棒のなけなしの20円をお梅が預かることになる。

STEP-3 | 結末

翌朝。うきうきして泥棒が妾宅にやってくると、もぬけのカラ。慌てて隣の煙草屋のおやじに聞いた。

「いや、この家には大変な珍談がありまして、昨夜から笑いつづけなんですよ。間抜けな泥棒が入ったっていうんですよ」

　お梅は、泥棒を口先でコロッと騙し、あの後、旦那をすぐに呼びにやり、泥棒から巻き上げた金は警察に届け、明け方のうちに転宅（引っ越し）したという。

STEP 解説

STEP-1 | 騙しの伏線

　状況説明や人物紹介が必要となります。シチュエーション情報を先に書いておかなければ話がはじまりません。
　騙される人間がどんな性格をしているのか、そして、どんな悪

人なのかを考えてみましょう。例文では泥棒というわかりやすい悪人が設定してあります。ただ、この泥棒は、少し間抜けな性格のようです。

STEP-2 | 喜ばしい出来事

例文ではかなり省略していますが、騙される相手が有頂天になる様子を克明に実況中継するとさらに面白くなります。読者は、この男は奈落の底に落ちるぞと、ドキドキワクワクしながら読み進めるのです。

STEP-3 | 結末

騙されたと気づいたところで終わりです。結末はダラダラ書かず、サッと終わるといいでしょう。

例文では、近所の人たちが間抜けな泥棒の話をして笑っているところへ当の本人がやってきたという状況が読者の笑いを誘います。間抜けな性格がより際立っているからです。

やってみよう

騙しや詐欺がテーマの映画を思い出してみてください。その映画がどのような筋書きになっているか調べてみましょう。

例1　映画『キャッチ・ミー・イフ・ユーキャン』
例2　映画『マッチスティック・メン』
例3　映画『オーシャンズ11』
例4　映画『コンフィデンス』
例5　映画『クヒオ大佐』

間抜けぶりで笑わせる文章の型

浮気の設定＋間抜けぶり＋結末

STEP-1 ｜ 浮気の設定

社長の奥さんと［　　　］してしまった。どうしよう。バレたらクビどころではすまないだろう。

STEP-2 ｜ 間抜けぶり

ビクビクしていたオレに社長が声をかけてくれる。人妻と［　　　］したことを打ち明ける。

STEP-3 ｜ 結末

社長は豪快に笑いながら「大丈夫、そんな間抜けな旦那のことは気にすることはない」と励ましてくれる。

落語「紙入れ」

　間男が出てくる落語には「紙入れ」をはじめ、「茶漬間男」「風呂敷」があります。「紙入れ」では、女房の浮気に気づかない間抜けな亭主が登場し、見事なオチがついています。

　ところで、男性が浮気されると遠慮なく笑えるのですが、もし浮気される側が女性だったらどうでしょうか？　急に笑えなくなりませんか？　一般に、女性は旦那の浮気にすぐ気づく一方、男性は妻の浮気になかなか気づかないと鈍感な性格として描かれる

この型が使えるのは？

■ SNS　■ サイト記事　■ 書籍の原稿　■ エッセー　■ 小説

ことが多いのですが、そういうお約束があるから笑い話として成り立つのかもしれません。

登場人物は知らないという状況

　登場人物のうちの１人だけが真実を知らないという状況をつくると、滑稽な描写が容易になります。その１人は簡単にまわりに騙されるからです。

　ちなみにこのシチュエーションを応用すると、新たなストーリーの可能性が広がります。つまり、読者は知っているけれど、登場人物は知らないというパターンです。そこにAさんが隠れているのに、みんなでAさんの悪口を言ってしまうとか、殺人鬼が家の中にいるのに家族が楽しく団らんしているとか、サスペンスやパニックムービー的な展開に発展させられます。

さらに間抜けぶりを発展させる

　浮気をしたほうが、いつバレるかと肝を冷やしているところもポイントです。そうした心配が杞憂に感じるほど、間抜けぶりが際立つからです。最後の最後、浮気された男性がまさか自分のことだと気づかずに、ブーメランになるようなセリフがあると最高に面白くなります。

SAMPLE 1

STEP-1 | 浮気の設定

　気が小さい小間物問屋の新吉。出入り先のおかみさんから手紙

をもらった。

　結局、おそるおそる出かけてみると、おかみさんのほうは前々から惚れていた男だから、猛烈なサービスぶり。

　さて、これからというとき、表戸をドンドンとたたく音。
「おい、開けねえか」
　旦那が帰ってきた。新吉は、慌てて裏口から脱出した。

STEP-2 ｜ 間抜けぶり

　翌朝、床の間に、紙入れ（小物入れ・財布）を忘れたことに気づいた新吉。その中に、おかみさんの手紙が入っている。旦那にバレたら大変だ。

　行ってみると旦那は、いつもと変わらず、「どうした。朝早くから商売熱心だなぁ」と褒めるので、新吉は、ホッとする。
「おい、どうした。顔が青いぜ。何か心配事か？」
　新吉は、とある人妻とできたことを言ってしまう。旦那は面白がって根掘り葉掘り聞いてくる。
「逃げるには逃げたが、紙入れを忘れてしまって」と言っているところへ、おかみさんが起きてきた。

STEP-3 ｜ 結末

「あーら、そりゃあ心配だけどさ、そういうおかみさんだもの、抜かりはないと思うよ。紙入れぐらい」
　おかみさんは自分の胸をポンと叩いた。
「ちゃんと隠してありますよ。ねぇ、お前さん」
「そうだとも。たとえ見たところで、間男されるような間抜けな野郎だあな。そこまで気がつくめぇ」

第8章　思わずクスッとなる「笑い」の型

SAMPLE 2

STEP-1 │ 浮気の設定

　夏の夜。友だちのヒロキがお風呂を貸してくれとやって来た。
「悪いなぁ、食事中に。うちの風呂が壊れちまってよ。銭湯ってな、どうも嫌なんだよな」
「いいんだよ。好きに使ってくれ」
　オレは女房に風呂を洗うように言い、食事を続けた。
　ヒロキは脱衣所へ消えた。
「ヒロキさんと飲むんだったら、つまみが必要でしょ。何か買ってくるわね」
　女房がそう言い、出て行った。
　ヒロキは1時間ほどしてスッキリした顔で出てきた。それから5分ほどして女房が帰ってきた。 女房の髪が少し濡れている。暑い夜だったので汗でもかいたのだろうと思い「晩酌のしたくをしたら、お前も風呂へ入って先に寝ろ」と言った。
　ヒロキと少しビールを飲んだ。疲れていたのか、オレは眠気がさしてきた。女房が風呂へ入ると同時にヒロキは帰って行った。ヒロキが帰ったので、オレはすぐにベッドにもぐり込んだ。

STEP-2 │ 間抜けぶり

　翌日、面白いブログを見つけた。不倫ブログというタイトルだった。友だちの奥さんを寝取った話が秀逸で、引き込まれていった。読んでいるだけで興奮した。
　女房にも見せた。
「おい、このブログ、面白いぞ。友だちの家で、友だちの奥さんと不倫したんだってよ。スゴイことするよなぁ」
「まあ、そんな大胆なことする人いるんですか？」
「ウチみたいに、脱衣所にドアがあって、外から入れるらしいん

だよ。それで、先に男が風呂へ入り、後から奥さんが風呂へ入ってきて1発やったらしい」
「まあ！」
女房も興奮しているようだ。
「その後、奥さんが風呂へ入ったとき、外から男が風呂へ入って2発目をしたというんだ。スゲェなあ」
「世の中には、ホントにスゴイ人がいるもんですねぇ」
女房は感心して目を細める。

STEP-3 ｜ 結末

「**それにしても、この寝取られた亭主は、ホントに間抜けな野郎だね。女房を寝取られる亭主の顔が見てみたいよ**」

とオレは、スマホをシゲシゲと眺めた。
「たぶん間抜けな顔をしてるんじゃない」
と女房が笑った。

STEP 解説

STEP-1 ｜ 浮気の設定

　女性が浮気をする設定を考えるといいでしょう。男は、それに気づかないというシチュエーションです。友人とか仕事仲間とか、登場人物の関係性も重要ですので、それを書くようにしましょう。
　例文1は、短い文章で3人を登場させ、その関係性も表現しています。気が小さい新吉は、旦那から仕事をもらっている立場です。そして、おかみさんは新吉に惚れているという設定です。こうした関係性を書くことです。

STEP-2 | 間抜けぶり

自分の女房が不倫していることに旦那が気づかないという設定です。気づかない旦那が喜んでいるところが面白いのです。「へえ、そこまで言っても気づかないんだ。馬鹿だねぇ」と読者を思わせるように書いてみましょう。

また、旦那が女房を寝取られた男をバカにしているところもポイントです。自分のことだとも知らずに、話題にのぼった男をバカにするわけですから、これほど間抜けなことはありません。

STEP-3 | 結末

最後、旦那が女房の浮気に気づいてしまうと話がややこしくなります。長編小説を書くのであれば、浮気がバレてバトルがはじまるようにするといいでしょう。

やってみよう

間抜けな人の行動をリストアップしてみましょう。間抜けというのは「注意散漫」と言い換えてもいいでしょう。「無知」で「幼稚」で「だらしない」とも言えます。

例1　眼鏡を髪の上にあげて、眼鏡を探している。
例2　ズボンのチャックを下したまま外を歩く。
例3　後でやると言って忘れる。

43 知ったかぶりで笑わせる文章の型

シチュエーション設定 + 知ったかぶり + 結末

STEP-1 | シチュエーション設定

ボクは中学生の頃、兄から「突き指したら、風呂に入ってよく揉めばいいんだ」と教わった。

STEP-2 | 知ったかぶり

学校で友人が右手の親指を突き指した。クラスメイトは「保健室へ行け」とか「いや病院だ」と騒いでいるが、ボクは医者のように「お前ら、何も知らんのじゃのう。突き指は風呂へ入ってよく揉めば治るがの」と偉そうに言った。

STEP-3 | 結末

翌日、友人の右手親指は大きくふくれあがっていた。夜、風呂でよく揉んだのだという。痛みがひどくなったので保健室へ行ったら、保健の先生が友人の右手を見た瞬間「すぐに病院へ行きなさい！」となった。友人の右手は複雑骨折していた。揉みすぎて骨折したらしい。

落語「転失気」

　自分の知識をひけらかしたい人、教える立場になって優位になろうとする人、そんな人が知ったかぶりをするようです。落語に

第8章　思わずクスッとなる「笑い」の型

この型が使えるのは？

■ SNS　■ サイト記事　■ 書籍の原稿　■ エッセー　■ 小説

は『転失気(てんしき)』以外でも『ちりとてちん』や『薬缶(やかん)』などに知ったかぶりな人物が登場します。知ったかぶりをする人物が最後に恥ずかしい思いをしたり、痛い思いをすると読者は溜飲を下げます。

SAMPLE

STEP-1 | シチュエーション設定

ある日、腹の調子がおかしいと感じた住職が医者を呼んだところ、「『てんしき』はありますか？」と聞かれた。知ったかぶりの住職は小僧の手前、「『てんしき』とは何ですか？」と聞くのはプライドが許さず、つい「はい」と答えてしまった。

「てんしき」が気になった住職は、小僧に近所に行って「てんしき」を借りてくるように命じる。ところが、近所の花屋も隠居も、「てんしきならもう人に貸してしまった」「捨ててしまったよ」などと言う。

　困ってしまった小僧、住職に報告がてら聞いてみる。
「和尚さん、そもそも『てんしき』って何ですか？」
「知らない」とは言えない住職、もう苦し紛れ。
「今ここで教えてやるのは簡単だがな、それはお前のためにならない。いつも遊びほうけおって。たまには自分で調べてみろ。少しは頭を使え。まあ、でも、先生のところに薬をもらいに行くついでに『てんしき』とは何かを聞いてみたらどうだ」

　医者のところに薬を取りに行った小僧、早速「てんしき」について尋ねる。
「ああ、『てんしき』というのは、オナラ、屁のことだよ。腹が痛いっ

て言うから、腸の調子を確認したんだ」
「和尚は、『てんしき』が屁だということを知らないんだ」
　気づいた小僧は、知ったかぶりの住職に恥をかかせるために一計を案じた。

STEP-2 | 知ったかぶり

　帰ってきた小僧、「てんしき」の正体を聞いてきた住職に「『てんしき』とは盃(さかずき)のことだそうで」と説明する。
「そのとおり。テンは呑、シは酒、キは器。それで呑酒器(てんしき)だ。今度お客が来たら大事にしている『てんしき』でも見てもらおう」
　そして医者が再びやってきたときのこと、見栄っ張りの住職はは得意満面、調子に乗って言う。

「そうだ、先生に自慢の『てんしき』をぜひ見ていただきたかったのです」

　桐の箱の中から出てきた盃を見て驚く医者。
「お寺では盃のことをテンシキと言うんですか？」
「はい……」

STEP-3 | 結末

「転失気は『気を転(まろ)め失う』と書き、屁のことです。『傷寒論(しょうかんろん)』にあり、腸の様子を確かめるために尋ねたのですが……」

　医者の説明を聞いて顔を真っ赤にする住職。それを見てクスクス笑う小僧。
　医者が帰ったあと、恥をかいた住職は小僧に怒鳴る。
「よくも人を騙しおったな！　こんなことをして恥ずかしいと思わんのか！」
「ええ、屁でもありません」

STEP 解説

STEP-1 | シチュエーション設定

　知ったかぶりをする人の特徴は「努力しない人を批判する」「強引で偉ぶるところがある」「傲慢でうぬぼれている」「優位に立ちたいと思っている」「競争心が激しい」「自己顕示欲が強い」「自分の知識を人にひけらかす」などです。

STEP-2 | 知ったかぶり

　知ったかぶりをする人に知らないことが出てきます。そして、それを隠そうとする様子が面白いのです。違うものと勘違いするところもまた面白いです。スペースがあれば、この部分をたくさん書いてみてください。

STEP-3 | 結末

　最後は答え合わせです。知ったかぶりをする人が、その答えを知り恥ずかしい思いをします。

やってみよう

知らないことを知ったかぶりした経験はありませんか？　その経験をリストアップしてみてください。

例1　娘が口にした四字熟語。
例2　iPhoneの新型モデルについて。
例3　観てもいない映画を観たと言ってしまった。

話がエスカレートすることで笑わせる文章の型

謎の設定＋喧嘩＋エスカレート１＋エスカレート２＋結末

STEP-1 ｜ 謎の設定

生意気男が○○を見たという。

STEP-2 ｜ 喧嘩

短気男が生意気男に「○○ってどんなだったか教えろ」と言う。生意気男が「嫌だ」というので喧嘩になる。

STEP-3 ｜ エスカレート１

仲裁に来たリーダーが「オレになら教えられるだろう」と言うが、生意気男は教えない。それでまた喧嘩になる。

STEP-4 ｜ エスカレート２

今度は警察がやってくる。生意気男は意固地になって教えようとしない。

STEP-5 ｜ 結末

結局、最終的に生意気男は［　　　］になってしまった。

落語「天狗裁き」

「天狗裁き」の型には３つの要素が組み合わせてあります。「謎」

この型が使えるのは？

- SNS　- サイト記事　- 書籍の原稿　- エッセー　- 小説

「喧嘩」「エスカレート」です。どれか1つでも十分面白いのに3つも入っているとかなり笑えます。

仲裁者がどんどん変わる

　謎を設定することが一番のポイントです。喧嘩の仲裁をする人が、その謎を知りたくなります。仲裁者がどんどん代わることでエスカレートしていくのです。

最後はどちらでもOK

　最後に謎が解明されなくても、解明されてもかまいません。途中で読者を十分楽しませていたらどちらでもいいのです。

SAMPLE

STEP-1 | 謎の設定

　年中不景気な熊さん。その妻のお光が妙な話を聞いてきた。
「最近、又さんが羽振りがいいだろ。何でも百足(むかで)の夢を見たっていうよ。百足は客足が増えるといって縁起がいいんだ。お前さんも、儲かるような夢を見ておくれよ」
「オレは、とんと夢なんか見ねえからなぁ」
「まあ、とにかく、さっさと寝て、夢を見ておくれ」
　お光にせっつかれた熊さん、無理矢理寝かされた。
　翌朝、お光に起こされる。
「ちょいとお前さん。夢見てたろ。どんな夢見たんだい？」
「見やしねえよ」

STEP-2 | 喧嘩

見た、見ないの言い争い、「ぶんなぐるぞ！」「ぶつんならぶっちゃぁがれ！」の大喧嘩に発展。

騒ぎを聞きつけて、隣の辰つぁんがやってくる。事情を聞いた辰つぁん、自分もどんな夢か知りたくなった。
「お前とオレたぁ、兄弟分だ。女房に言えなくても、オレには言えるだろう」
「うるせぇなあ、見ちゃぁいねぇよ」
「こんちくしょう、なぐるぞ！」
今度は辰つぁんを巻き込んでの喧嘩。

STEP-3 | エスカレート1

今度は大家。

一部始終を聞くと、熊を家に連れていき言った。
「大家といえば親同然。オレには言えるだろう」
ところが熊公、見ていないものはたとえお奉行様にも言えないというので、大家もカンカンに怒り出した。

STEP-4 | エスカレート2

それならとお白州へ召し連れる。

訴えを聞いて奉行も夢の内容を知りたくてたまらない。
「どうじゃ、いかなる夢を見たか奉行には言えるであろう」
「たとえお奉行様でも、見てないものは言えません」
「うぬっ、奉行が怖くないか」
「怖いのは天狗様だけです」
売り言葉に買い言葉。

STEP-5 | 結末

頭に来た奉行、それならばその天狗に裁かせると言って、熊を山の上へ連れていく。 奉行から事の次第を聞いて、天狗も熊の夢を知りたくてたまらない。
「天狗になら言えるだろう。どんな夢を見たんだ？」
「見てねぇって言ってるんだ！」
「どうしても言わないなら、羽団扇(うちわ)で体を粉微塵(こなみじん)にいたしてくれる！」と天狗が脅す。
　熊は天狗の羽団扇を盗んで空を飛んで逃げた。

STEP解説

STEP-1 | 謎の設定

　例文では、熊さんの見た夢が謎になっています。他人の夢を知りたがる人は、さほどいませんので、例文の落語「天狗裁き」に少し違和感を感じる読者もいるかもしれません。ですから、読者も知りたくなるような謎を設定するといいでしょう。謎が出てくる状況もしっかりと書いておく必要があります。

　登場人物の性格は喧嘩しやすいように設定してみてください。おとなしい性格の人物だと次の展開に進んでいきません。

STEP-2 | 喧嘩

　派手に喧嘩させましょう。喧嘩しなければ次のエスカレートに繋がりません。お話を面白くするにはこうした脚色が必要になります。
　喧嘩の醍醐味は啖呵(たんか)を切るセリフ回しです。歯切れのいい啖呵を考えてみてください。

STEP-3 | エスカレート1

仲裁者がどんどん上の立場の人になっていきます。その人物が謎に興味を持ち知りたくなるという展開にしなければいけません。そして、それを相手が話さないので怒りだすわけです。

STEP-4 | エスカレート2

上の立場の人が代わりすぎると現実味がなくなるかもしれません。リアリティを重視するのであれば、2人くらいでやめておくといいでしょう。

喧嘩がエスカレートした場合、江戸時代ならば岡っ引きやお奉行が出てきますが、現在だと交番のおまわりさんや裁判官などが出てくることになります。

STEP-5 | 結末

実際の落語『天狗裁き』の最後は夢オチになっています。目が覚めたら女房がいたというわけです。

単純に、喧嘩がエスカレートしていくだけでも面白い話になります。啖呵を切る段階から殴り合いへ発展し、次にナイフや木刀などの武器が出てくるなど、どんどんエスカレートさせるのです。喧嘩は、それ自体が面白い事件なのです。そもそも謎を入れなくてもいいくらいです。

あとがき

オリジナリティへの近道は「型」を覚えること

　最後までお読みいただき、ありがとうございます。最後に私の体験をお話しします。

　私が文章修業していたときのことです。先輩の作家先生からよく叱られました。

「高橋！　この文章は何だ！」

　それは、それは、ボロボロでした。

「まずは短文で書け」と教わり、そこからプロットづくりや箱書きなどを学びました。

　私はあるとき先生にこんな質問をしたことがあります。

「プロットとか、構成とかって、言葉を換えたら『型』ですよね。タイトルや見出しにも『型』があるし、文章の流れにも『型』がありますよね。『型』を覚えるのって重要なんじゃないでしょうか？」

　すると先生はニヤリとしてこう言いました。

「重要なんてものじゃない。それがすべてだと言ってもいい。文章に限らず、すべての習い事には『型』がある。その『型』をたくさん覚えた者のほうが有利だ。勘のいい奴は、勉強しなくてもその『型』を習得してやがるんだ。お前は馬鹿だから、何度も繰り返し同じ『型』を使って実際に書いてみる練習を続けなきゃいかんぞ」

「でも『型』通りの文章を書いてるだけじゃつまらないですよね。新しいものが生まれてこないじゃないですか？」

「まずは『型』を覚えることだ。しっかり『型』通りに書けるよ

うになったら、あとはそれを組み合わせて新しい独自の『型』をつくっていけばいい。もちろん、自分の書きやすいように『型』を崩してもいい」
「組み合わせることと、崩すことですね」
「そうだ。そのためにも、最初は『型』を体にしみ込ませなければいかん。とくにお前はな！」
「はい」

　文章の「型」を意識しはじめて、私の文章はめきめき上達しました。当時は「型」と言わず「パターン」と言っていましたが、同じ意味です。

　次はあなたの番です。本書で文章の「型」を身につけてみてください。あなたの文章が数段上達しますよ。オリジナル性を出したければ、「型」を身につけてからにしたほうが早道になります。

　本書を執筆するにあたり多くの人のご協力をいただきました。文章スクールの生徒や東京ヒプノセラピーサロンの仲間たちから多くの助言をいただきました。妻の舞子にも、心から感謝します。最後まで読んでくださったあなたにも感謝します。ありがとうございます。そして、皆様の幸せを心から祈ります。

高橋フミアキ

高橋フミアキ

作家&ヒプノセラピスト

1960年生まれ。文豪・井伏鱒二と同じ広島県福山市加茂町出身。20代から大手広告代理店に10年間勤務後、フリーライターに。その頃、中上健次との出会いをきっかけに作家を目指す。現在は、中上健次が事務所を構えた西新宿において、「高橋フミアキの文章スクール」と「東京ヒプノセラピーサロン」を主催、夢を叶えるために前進している人たちをサポートしている。文章スクールから出版デビューした人は50人を超えている。また、企業の社員研修としてレポートやメール、論文の書き方を講義。新聞やテレビ、ラジオなどメディアでも取り上げられている。

本書では、ビジネス文書やグルメ雑誌、そして文芸に至るまで、幅広いジャンルの文章を書き、指導してきた経験で培った効果的な文章の型をまとめた。著書に『一瞬で心をつかむ77の文章テクニック』（高橋書店）、『150字からはじめる「うまい」と言われる文章の書き方』（日本実業出版社）、『頭がいい人の1日10分文章術』（コスモ21）、『大富豪おじいさんの教え』（Nanaブックス）など多数。

高橋フミアキの文章スクール
https://www.fumiakioffice.com/
東京ヒプノセラピーサロン
https://www.takahashifumiaki.biz/

文章は型が9割

2019年 5月1日　初版発行

著　者　　高橋フミアキ
発行者　　太田　宏
発行所　　フォレスト出版株式会社
〒162-0824
東京都新宿区揚場町2-18　白宝ビル5F
電話　　　03-5229-5750（営業）
　　　　　03-5229-5757（編集）
URL　　　http://www.forestpub.co.jp
印刷・製本　日経印刷株式会社
©Fumiaki Takahashi 2019
ISBN978-4-86680-031-8　Printed in Japan
乱丁・落丁本はお取り替えいたします。